Elie Wiesel · Die Nacht

ELIE WIESEL

DIE NACHT

Mit einer Vorrede von
François Mauriac

ST. BENNO-VERLAG GMBH LEIPZIG

Aus dem Französischen übertragen
von Curt Meyer-Clason
Die französische Originalausgabe erschien unter dem
Titel „Le Nuit“ bei Editions de Minuit, Paris

ISBN 3-7462-0294-9

Lizenzausgabe mit freundlicher Genehmigung des
Bechtle Verlages, München
Nur zum Vertrieb und Versand in der Deutschen
Demokratischen Republik und in den sozialistischen
Ländern bestimmt

FRANÇOIS MAURIAC
Mitglied der Académie française
zur Originalausgabe „La Nuit“

Ich bekomme oft Besuch von ausländischen Journalisten. Ich fürchte sie, weil ich zwischen dem Wunsch, mich ihnen gegenüber rückhaltlos zu eröffnen, und der Angst, einem Gesprächspartner, dessen Einstellung zu Frankreich ich nicht kenne, eine Waffe in die Hand zu geben, hin- und herschwanke. Daher übe ich bei solchen Begegnungen stets Vorsicht.

An jenem Vormittag erweckte der junge Israelite, der mich im Auftrage einer Tel-Aviver Zeitung aufsuchte, sofort meine Sympathie, gegen die ich mich nicht lange zu wehren brauchte, da unser Gespräch rasch eine persönliche Wendung nahm. So kam ich bald auf Erinnerungen aus der Besatzungszeit zu sprechen. Nicht immer gehen uns die Umstände nahe, die wir unmittelbar erlebt haben. Ich vertraute meinem jungen Besucher an, daß kein Anblick jener dunklen Jahre mich so betroffen habe wie jene mit jüdischen Kindern gefüllten Eisenbahnwagen auf dem Austerlitz-Bahnhof ... Zwar sah ich sie nicht mit eigenen Augen, aber meine Frau, noch ganz benommen von dem Schrecken, den sie bei ihrem Anblick empfand, hatte sie mir beschrieben. Damals kannten wir die Vernichtungsmethoden der Nazis noch nicht. Wer hätte sie sich auch vorzustellen vermocht! Aber diese ihren Müttern entrissenen Lämmer – das übertraf alles, was wir für möglich gehalten hätten. Ich glaube an jenem Tag zum erstenmal an das Geheimnis des Bösen gerührt zu haben, dessen Offenbarung das Ende der einen und den Anfang einer neuen Zeit bedeutet. Der Traum, den der Mensch des Westens im 18. Jahrhundert ersonnen und dessen Morgenröte er im Jahre 1789 erlebt zu haben glaubte und der sich bis zum 2. August 1941 durch den Fortschritt der Aufklärung und die Entdeckungen der Wissenschaft bereichert hat – dieser Traum ist für mich angesichts der mit kleinen Jungen vollgestopften Eisenbahnwagen endgültig versunken. Trotzdem war ich weit davon entfernt, anzunehmen, daß sie die Gas- und Vernichtungskammern speisen sollten.

Das mußte ich dem Journalisten anvertrauen. Als ich seufzte: „Wie oft habe ich an diese Kinder gedacht!" sagte er: „Ich bin eines von ihnen!" Er war einer von ihnen! Er hatte seine Mutter, sein angebetetes Schwesterchen und alle Seinigen mit Ausnahme des Vaters in dem mit lebenden Geschöpfen geheizten Ofen verschwinden sehen. Was seinen Vater betrifft, so wohnte er dessen Martyrium Tag für Tag, dessen Todeskampf und Tod bei. Was für ein Tod! Dieses Buch berichtet von seinen Einzelheiten, deren Entdeckung ich den Lesern überlasse, die hoffentlich ebenso zahlreich sein werden wie die des „Tagebuch der Anne Frank", und von dem Wunder, dem der Knabe seine Rettung verdankt.

Dieses Zeugnis, das auf so viele bekannte folgt und ein Entsetzen beschreibt, das wir bis ins kleinste zu kennen glauben, ist meiner Auffassung nach jedoch anders geartet, einzigartig, einmalig. Das Schicksal der Juden aus dem siebenbürgischen Städtchen Sighet, ihre Blindheit gegenüber einem Schicksal, dem sie hätten rechtzeitig entfliehen können und dem sie sich mit unbegreiflicher Passivität auslieferten, taub für die Warnungen und flehentlichen Bitten eines, der dem Massaker entkommen ist und Dinge erzählt, die er mit eigenen Augen gesehen hat; sie aber weigern sich ihm zu glauben und halten ihn für verrückt – diese Gegebenheiten hätten genügt, ein Werk zu beflügeln, dem meines Erachtens kein anderes an die Seite gestellt zu werden verdient.

Das Buch hat mich jedoch wegen eines anderen Aspektes außerordentlich gefesselt. Das Kind, das uns hier seine Geschichte erzählt, ist ein Erwählter Gottes. Seit dem Erwachen seines Bewußtseins lebte der Knabe, genährt vom Talmud, begierig, in die Kabbala eingeweiht zu werden, dem Ewigen verschworen, nur für Gott. Haben wir jemals an diese Folge eines weniger sichtbaren, weniger auffallenden Schreckens als jedes anderen Entsetzens gedacht – jedenfalls an das Schlimmste von allen für uns, die wir den Glauben besitzen: an den Tod Gottes in dieser Kinderseele, die mit einem Schlage das absolut Böse entdeckt?

Versuchen wir zu begreifen, was sich in ihm abspielt, während seine Augen zusehen, wie sich die schwarzen Rauchringe des Verbrennungsofens, in den sein Schwesterchen und seine Mutter nach Millionen anderer gestürzt werden sollen, im Himmel auflösen:

„Nie werde ich diese Nacht vergessen, die erste Nacht im Lager, die aus meinem Leben eine siebenmal verriegelte, lange Nacht gemacht hat.

Nie werde ich diesen Rauch vergessen.

Nie werde ich die kleinen Gesichter der Kinder vergessen, deren Körper vor meinen Augen als Spiralen zum blauen Himmel aufstiegen.

Nie werde ich die Flammen vergessen, die meinen Glauben für immer verzehrten.

Nie werde ich das nächtliche Schweigen vergessen, das mich in alle Ewigkeit um die Lust am Leben gebracht hat.

Nie werde ich die Augenblicke vergessen, die meinen Gott und meine Seele mordeten, und meine Träume, die das Antlitz der Wüste annahmen.

Nie werde ich das vergessen, und wenn ich dazu verurteilt wäre, so lange wie Gott zu leben. Nie."

Nun verstand ich, was ich vom ersten Augenblick an dem jungen Israeliten geliebt hatte: den Blick eines auferstandenen Lazarus und dennoch eines Gefangenen düsterer Gestade, an denen er, über geschändete Leichen stolpernd, umherirrte. Für ihn drückte Nietzsches Schrei eine fast physische Wirklichkeit aus: Gott ist tot. Der Gott der Liebe, der Sanftheit und des Trostes, der Gott Abrahams, Isaaks und Jakobs hat sich im Blick dieses Knaben für immer im Rauch des Menschenopfers aufgelöst, das die götzengierigste aller Rassen gefordert hat. Bei wie vielen Juden ist dieser Tod nicht eingetreten? An jenem furchtbaren Tage, unter den furchtbaren Tagen, an dem der Knabe dem

Hängen (sic!) eines anderen Knaben beiwohnte, der – wie Wiesel uns erzählt – das Gesicht eines unglücklichen Engels hatte, hörte er jemand hinter sich seufzen: „Wo ist Gott? Wo ist er? Wo ist nur Gott?" Und eine Stimme antwortete in mir: „Wo er ist? Hier – an diesem Galgen hängt er."

Am letzten Tag des jüdischen Jahres wohnt der Knabe der Feier von Rosch-Haschanah bei und hört Tausende von Sklaven einstimmig rufen: „Gepriesen sei der Name des Ewigen!" Vor kurzem hätte auch er sich niedergeworfen, und mit welcher Anbetung, mit welcher Furcht, mit welcher Liebe! Heute steht er auf und bietet ihm die Stirn. Die über alles Maß des für Herz und Hirn Erträglichen hinaus erniedrigte und beleidigte Kreatur fordert die blinde, taube Gottheit heraus: „Heute betete ich nicht mehr. Ich war außerstande zu seufzen. Ich fühlte mich im Gegenteil stark. Ich war der Ankläger. Und Gott war der Angeklagte. Meine Augen waren sehend geworden, und ich war allein, furchtbar allein auf der Welt, ohne Gott, ohne Menschen. Ohne Liebe und ohne Mitleid. Ich war nur noch Asche, aber ich fühlte mich stärker als der Allmächtige, mit dem mein Leben so lange verknüpft gewesen war. Inmitten dieser Gemeinde war ich ein fremder Beobachter."

Was konnte ich, der ich glaubte, daß Gott die Liebe ist, meinem jungen Gesprächspartner antworten, dessen blaue Augen den Widerschein der Trauer jenes Engels bewahren, die eines Tages in den Gesichtszügen des gehängten Knaben erschienen war? Was habe ich ihm gesagt? Habe ich ihm von jenem Israeliten gesprochen, von dem Bruder, der ihm vielleicht glich, von jenem Gekreuzigten, dessen Kreuz die Welt besiegt hat? Habe ich ihm bestätigt, daß das, was für ihn ein Stein des Anstoßes wurde, für mich der Eckstein geworden ist und daß die Übereinstimmung zwischen dem Kreuz und dem Leiden der Menschen in meinen Augen der Schlüssel zu dem unergründlichen Geheimnis bleibt, in dem sein Kinderglauben verlorengegangen ist? Dennoch ist Zion aus den Gaskammern und

Beinhäusern wieder erstanden. Das jüdische Volk ist aus seinen Millionen von Toten auferstanden. Durch sie lebt es von neuem. Wir kennen nicht den Wert eines einzigen Tropfen Bluts, einer einzigen Träne. Alles ist Gnade. Wenn der Ewige der Ewige ist, gehört ihm das letzte Wort eines jeden von uns. Das hätte ich dem jungen Juden sagen sollen. Statt dessen habe ich ihn nur weinend umarmen können.

Dem Gedenken meiner Eltern
und meiner kleinen Schwester, Tsipora

Sie nannten ihn den Küster-Mosche, als habe er nie einen Familiennamen besessen. In einer chassidischen Synagoge war er das Mädchen für alles. Die Juden von Sighet – dem Siebenbürgener Städtchen, in dem ich meine Kindheit verlebt habe – mochten ihn gerne. Er war bettelarm und lebte jammervoll. Wenn die Bewohner meiner Heimatstadt auch die Armen unterstützten, so liebten sie sie deshalb noch lange nicht. Der Küster-Mosche bildete jedoch eine Ausnahme. Er störte niemanden, und seine Anwesenheit ging niemandem auf die Nerven. Er beherrschte die Kunst, nicht aufzufallen und sich unsichtbar zu machen.

Körperlich war er linkisch wie ein Clown. Mit seiner Schüchternheit eines Waisenkindes erregte er Heiterkeit. Ich liebte seine großen, träumenden Augen, die sich in der Welt zu verlieren schienen. Er sprach wenig, sang dafür aber viel, freilich war es mehr ein Singsang. Das wenige, das man verstehen konnte, handelte vom Leiden der Gottheit, von der Verbannung der Vorsehung, die nach der Kabbala ihre Erlösung in der des Menschen erwartet.

Ich lernte ihn gegen Ende des Jahres 1941 kennen, als ich zwölf Jahre und tief gläubig war. Tags lernte ich im Talmud, und abends lief ich in die Synagoge, um die Zerstörung des Tempels zu beweinen.

Eines Tages bat ich meinen Vater, mir einen Lehrer zu besorgen, der mich in der Kabbala unterweisen könne.

„Dafür bist du noch zu jung. Erst mit dreißig Jahren, sagt Maimonides, ist man befugt, sich in eine Welt zu wagen, die voller mystischer Gefahren ist. Vorläufig sollst du die Anfangsgründe lernen, für die du gerade reif genug bist."

Mein Vater war ein kultivierter und ganz unsentimentaler Mann, der selbst im engsten Kreise Gefühlsäußerungen vermied und sich mehr um Fremde als um seine eigene Familie kümmerte. Die jüdische Gemeinde von Sighet achtete ihn hoch; oft wurde er für Fragen der Öffentlichkeit und sogar für Privatangelegenheiten bemüht. Wir waren vier Geschwister: Die älteste hieß Hilda, dann kam Bea, ich war der dritte und einzige Sohn, gefolgt von Judith, der jüngsten.

Meine Eltern hatten ein Handelsgeschäft, bei dem ihnen Hilda und Bea halfen. Mein Platz sei im Lehrhaus, sagten sie.

„In Sighet gibt es keine Kabbalisten", wiederholte mein Vater, der mir solche Ideen auszureden suchte. Aber vergebens. Ich fand meinen eigenen Lehrer – im Küster-Mosche.

Er hatte mich eines Tages beobachtet, als ich in der Abenddämmerung betete.

„Warum weinst du beim Beten?" fragte er, als kenne er mich seit langem.

„Ich weiß nicht", erwiderte ich verstört. Die Frage war mir nie gekommen. Ich weinte, weil . . . weil etwas in mir weinen wollte. Ich konnte nichts dazu sagen.

„Warum betest du?" fragte er mich eine Weile später.

„Ich weiß es nicht", antwortete ich noch verwirrter und befangener. „Ich weiß es wirklich nicht."

Von diesem Tage an sah ich ihn häufig. Er versuchte mir eindringlich zu erklären, daß jede Frage eine Kraft besitzt, welche die Antwort nicht mehr enthält.

„Der Mensch erhebt sich zu Gott durch die Fragen, die er an ihn stellt", pflegte er immer wieder zu sagen. „Das ist die wahre Zwiesprache. Der Mensch fragt und Gott antwortet. Aber man versteht seine Antworten nicht. Man kann sie nicht verstehen, denn sie kommen aus dem Grunde der Seele und bleiben dort bis zum Tode. Die wahren Antworten, Elieser, findest du nur in dir."

„Und warum betest du, Mosche?" fragte ich ihn.

„Ich bete zu Gott, der in mir ist, daß er mir die Kraft gebe, ihm wahre Fragen zu stellen."

So unterhielten wir uns fast jeden Abend. Nachdem alle Gläubigen gegangen waren, blieben wir in der dunklen Synagoge sitzen, in der noch ein paar halb heruntergebrannte Kerzen flackerten.

Eines Abends gestand ich ihm, wie unglücklich ich sei, keinen Lehrer in Sighet finden zu können, der mich in den Sohar, in die kabbalistischen Bücher und die Geheimnisse der jüdischen Mystik einführen könne. Er lächelte nachsichtig und sagte nach einer langen Weile:

„Es gibt tausend und eine Tür zum Garten der mystischen Wahrheit. Jeder Mensch hat seine Tür. Er darf sich nur nicht täuschen und ihn durch eine Tür betreten wollen, die nicht zu ihm gehört. Das ist gefährlich für den, der eintreten will, und für den, der sich schon im Garten befindet."

Und Küster-Mosche, der arme Barfüßige von Sighet, sprach mit mir stundenlang von der Klarheit und vom Geheimnis der Kabbala. Bei ihm begann meine Einweihung. Zehnmal, zwanzigmal lasen wir ein und dieselbe Stelle des Sohar zusammen. Nicht um sie auswendig zu lernen, sondern um das Wesen, den Kern der Gottheit zu begreifen.

So gewann ich im Laufe der langen Abende die Überzeugung, daß Küster-Mosche mich in die Ewigkeit mitnehmen würde, in jene Zeit, in der Frage und Antwort eins werden.

Eines Tages wurden die ausländischen Juden aus Sighet gejagt; Küster-Mosche war Ausländer.

Von ungarischen Polizisten in Viehwagen gesperrt, weinten sie dumpf vor sich hin. Auch wir weinten auf dem Bahnsteig. Der Zug verschwand hinter dem Horizont, und nur ein dichter, schmutziger Rauch blieb zurück.

Ich hörte einen Juden hinter mir seufzen:

„Was wollen sie? Es ist Krieg . . ."

Die Deportierten waren rasch vergessen. Einige Tage nach ihrer Verfrachtung hieß es, sie arbeiteten in Galizien und seien sogar mit ihrem Los ausgesöhnt.

Tage vergingen, Wochen, Monate. Das Leben kehrte in seine gewohnten Bahnen zurück. Ein stilles Genügen erfüllte alle Häuser. Die Kaufleute machten gute Geschäfte, die Studenten lebten in ihren Büchern, und die Kinder spielten auf der Straße.

Eines Tages sah ich auf dem Wege zur Synagoge auf einer Bank an der Tür den Küster-Mosche sitzen.

Er erzählte mir seine Geschichte und die seiner Gefährten. Der Zug der Ausgewiesenen hatte die ungarische Grenze passiert und war auf polnischem Gebiet von der Gestapo übernommen worden. Dort hielt er an. Die Juden mußten aussteigen und auf Lastwagen klettern, die einem Wäldchen entgegenfuhren. Dort hieß es: aussteigen und tiefe Gräben ausheben. Als sie ihre Arbeit beendet hatten, begann die Gestapo die ihre. Ohne Leidenschaft, ohne Hast erschossen sie ihre Gefangenen. Jeder mußte sich dem Loch nähern und sein Genick hinhalten. Säuglinge wurden in die Luft geschleudert und von den Maschinengewehren aufs Korn genommen. Das geschah in den galizischen Wäldern, in der Nähe von Kolomea. Wie entkam der Küster-Mosche aus dieser Hölle? Durch ein Wunder. Da er einen Beinschuß erhalten hatte, hielt man ihn für tot . . .

Tage- und nächtelang lief er von einem Haus zum andern und erzählte die Geschichte Malkas, des jungen Mädchens, das drei Tage lang starb, und das Schicksal des Schneiders Tobias, der flehte, man möge ihn vor seinen Söhnen erschießen . . .

Mosche war verändert. In seinen Augen leuchtete keine Freude mehr. Er sagte nichts mehr. Er sprach nicht mehr von Gott oder der Kabbala, nur noch von dem, was er gesehen hatte. Die Leute weigerten sich nicht nur, seine Geschichten zu glauben, sondern auch, sie anzuhören.

„Er will nur Mitleid erwecken. Was für eine krankhafte Phantasie er hat . . ."

Oder es hieß:

„Der Arme, er muß verrückt geworden sein."

Er aber jammerte nur:

„Juden, hört mich an. Nur darum bitte ich euch. Nicht um Geld, nicht um Mitleid. Aber daß ihr mich anhört", schrie er in der Synagoge zwischen Abend- und Nachtgebet.

Auch ich glaubte ihm nicht. Oft setzte ich mich nach der Abendandacht zu ihm, lauschte seinen Geschichten und versuchte, seine Trauer zu begreifen. Ich hatte nur Mitleid mit ihm.

„Man hält mich für einen Verrückten", murmelte er, während Tränen wie Wachstropfen über seine Wangen liefen.

Einmal stellte ich ihm die Frage:

„Warum willst du unbedingt, daß man dir glaubt? An deiner Stelle wäre es mir gleichgültig, ob man mir glaubt oder nicht . . ."

Wie um der Zeit zu entfliehen, schloß er die Augen:

„Das verstehst du nicht", entgegnete er verzweifelt. „Das kannst du nicht verstehen. Ich bin durch ein Wunder gerettet worden. Ich bin wieder hierher gelangt. Woher habe ich die Kraft genommen? Ich wollte nach Sighet zurückkehren, um euch meinen Tod zu erzählen. Damit ihr euch vorbereiten könnt, solange es noch Zeit ist. Leben? Ich lege keinen Wert mehr darauf. Ich bin allein. Aber ich wollte zurückkommen und euch warnen. Und jetzt hört niemand auf mich . . ."

Das war gegen Ende des Jahres 1942.

Dann ging das Leben wieder seinen gewohnten Gang. Im Radio, das wir allabendlich einschalteten, hörten wir aus London erfreuliche Nachrichten; tägliche Bombardierung Deutschlands, der Fall von Stalingrad, Vorbereitung der zweiten Front. So harrten wir Juden von Sighet auf bessere Tage, die da kommen sollten.

Unterdessen fuhr ich fort, fleißig zu lernen. Tags den Talmud, abends die Kabbala. Mein Vater widmete sich seinem Handel und der Gemeinde. Mein Großvater war zu Besuch gekommen, um dem Neujahrsgottesdienst des berühmten Rabbi von Borsche beiwohnen zu können. Meine Mutter begann sich mit dem Gedanken zu tragen, einen passenden Mann für Hilda zu finden.

So verging das Jahr 1943.

Das Frühjahr 1944 brachte glänzende Nachrichten von der russischen Front. Über Deutschlands bevorstehende Niederlage konnte kein Zweifel mehr bestehen. Es war nur mehr eine Frage der Zeit, von Monaten, vielleicht nur von Wochen.

Die Bäume blühten. Es war ein Jahr wie so viele andere, mit seinem Frühling, mit seinen Verlobungen, Hochzeiten und Geburten.

Die Leute sagten:

„Die Rote Armee rückt mit Riesenschritten näher . . . Hitler wird außerstande sein, uns etwas anzutun, selbst wenn er es will."

Ja, wir zweifelten selbst an seinem Willen, uns auszulöschen.

Sollte er ein ganzes Volk vernichten, eine über so viele Länder verstreute Volkschaft ausrotten wollen? Millionen Menschen – mit welchen Mitteln denn?

Daher interessierten die Leute sich für alles – für die Kriegsführung, die Diplomatie, die Politik und den Zionismus –, nur nicht für ihr eigenes Los.

Selbst Küster-Mosche war verstummt und zu müde zum Sprechen. Mit gesenktem Blick und gebeugtem Rücken irrte er in der Synagoge oder den Straßen umher und wich den Blicken der Fußgänger aus.

Zu jener Zeit war es noch möglich, eine Auswanderungserlaubnis nach Palästina zu erwirken. Ich hatte meinen Vater gebeten, alles zu verkaufen, aufzulösen und abzureisen.

„Ich bin zu alt, mein Sohn", erwiderte er. „Zu alt, um ein neues Leben zu beginnen. Zu alt, um in einem fernen Land von vorne anzufangen . . ."

Radio Budapest verkündete die Machtergreifung durch die faschistische Partei. Horty Miklos wurde gezwungen, den Chef der Nyilas-Partei um die Bildung einer neuen Regierung zu bitten.

Auch das genügte noch nicht, um uns zu beunruhigen. Zwar hatten wir von den Faschisten reden hören, aber das bedeutete für uns kaum mehr als einen Regierungswechsel.

Am folgenden Tag traf eine beunruhigende Nachricht ein: Die deutschen Truppen hatten mit der Zustimmung der Regierung ungarisches Hoheitsgebiet betreten.

Da und dort begann Unruhe aufzuflackern. Einer unserer Freunde namens Berkowitz, der soeben von der Hauptstadt zurückkehrte, erzählte:

„Die Juden von Budapest leben in Furcht und Schrecken. Tagtäglich erlebt man in den Straßen, in den Zügen antisemitische Kundgebungen. Die Faschisten vergreifen sich an den jüdischen Läden und Synagogen. Die Lage wird allmählich blutig ernst . . ."

Wie ein Lauffeuer verbreiteten sich diese Nachrichten in Sighet, überall war davon die Rede. Aber nicht lange. Bald kehrte der allgemeine Optimismus zurück:

„Die Deutschen kommen nicht bis hierher. Sie bleiben bestimmt in Budapest. Und zwar aus strategischen, politischen Gründen . . ."

Es waren noch keine drei Tage vergangen, als die Panzerwagen der deutschen Wehrmacht durch unsere Straßen rollten.

Wir hatten Angst vor den deutschen Soldaten mit ihren Stahlhelmen und ihrem Abzeichen, dem Totenkopf. Dennoch war der erste Eindruck durchaus beruhigend. Die Offiziere wurden in Privatwohnungen, sogar bei Juden, einquartiert. Ihre Haltung gegenüber ihren Gastgebern war zurückhaltend. Nie forderten sie Unmögliches, ließen keine unfreundlichen Bemerkungen fallen und gönnten der Hausfrau sogar bisweilen ein Lächeln. Ein deutscher Offizier bewohnte das uns gegenüberliegende Haus, wo er ein Zimmer bei Kahns bewohnte. Es hieß, er sei ein reizender Mensch: still, sympathisch und höflich. Drei Tage nach seinem Einzug brachte er Frau Kahn eine Schachtel Schokolade mit. Die Optimisten frohlockten:

„Na und? Was hat man uns prophezeit? Ihr wolltet's nicht glauben. Hier sind sie, *eure* Deutschen. Und was sagt ihr jetzt? Wo ist ihre berühmte Grausamkeit?“

Die Deutschen waren schon in der Stadt, die Faschisten waren schon an der Macht, das Urteil war bereits gesprochen, und die Juden von Sighet lächelten noch immer.

Dann kam die Osterwoche.

Das Wetter war herrlich. Meine Mutter machte sich in ihrer Küche zu schaffen. Die Synagogen waren geschlossen worden, so daß man in Privathäusern zusammenkam: Man durfte die Deutschen doch nicht herausfordern. Somit wurde praktisch jede Wohnung eines Rabbiners zu einem Ort des Gebets.

Man trank, man aß, man sang. Die Bibel verlangte, wir sollten uns während der acht Festtage freuen und fröhlich sein. Aber das Herz war nicht dabei. Das Herz schlug seit einigen Tagen heftiger. Man wünschte, das Fest möge zu Ende gehen, damit man nicht gezwungen war, diese Komödie zu spielen.

Am siebten Ostertag ging der Vorhang auf: Die Deutschen nahmen die Oberhäupter der jüdischen Gemeinde fest.

Von diesem Augenblick an lief alles blitzschnell ab. Das Rennen zum Tode hatte begonnen.

Erste Maßnahme: Die Juden durften bei Todesstrafe drei Tage lang nicht das Haus verlassen.

Küster-Mosche kam angerannt und schrie meinem Vater ins Gesicht:

„Ich habe euch gewarnt ...“ Und ohne eine Antwort abzuwarten, entschwand er.

Am selben Tag drang die ungarische Polizei in alle jüdischen Häuser der Stadt ein: Ein Jude hatte nicht mehr das Recht, Gold, Juwelen und Wertsachen zu besitzen; alles mußte bei Todesstrafe den Behörden abgeliefert werden. Mein Vater stieg in den Keller und grub unsere Ersparnisse ein.

Im Hause ging meine Mutter ihren Beschäftigungen

nach und hielt nur manchmal inne, um uns schweigend anzublicken.

Nach Ablauf der drei Tage wurde eine neue Verordnung bekanntgegeben: Jeder Jude mußte den gelben Stern tragen.

Honoratioren der Gemeinde suchten meinen Vater auf – der gute Beziehungen zu den höheren Stellen der ungarischen Polizei unterhielt –, um seine Meinung über die Lage zu hören. Mein Vater sah die Lage nicht allzu düster an, vielleicht wollte er die anderen auch nicht entmutigen und ihnen nicht noch weher tun:

„Der gelbe Stern? Na und? Man stirbt doch nicht davon . . .“

(Armer Vater! Woran bist du dann gestorben?) Aber schon wurden neue Bestimmungen an den Häusern angeschlagen. Es wurde uns untersagt, Gaststätten und Cafés zu besuchen, in der Eisenbahn zu fahren, in die Synagoge zu gehen, uns nach achtzehn Uhr auf der Straße zu zeigen.

Dann kam das Ghetto.

Zwei Ghettos wurden in Sighet errichtet. Ein großes mitten in der Stadt umfaßte vier Straßen; ein zweites, kleineres, erstreckte sich über mehrere Gassen der Vorstadt. Die Straße, in der wir wohnten, die Schlangenstraße, befand sich im Umkreis des ersten. Wir blieben somit in unserem Hause wohnen. Da es aber ein Eckhaus war, mußten die nach der Straße gehenden Fenster zugenagelt werden. Wir überließen ein paar Zimmer Verwandten, die aus ihren Wohnungen vertrieben worden waren.

Langsam renkte sich das Leben wieder ein. Der Stacheldraht, der uns wie eine Mauer umschloß, flößte uns keine ernstliche Angst ein. Wir fühlten uns sogar ganz wohl: Wir waren ja unter uns. Eine kleine, jüdische Republik . . . Man rief einen jüdischen Verwaltungsrat ins Leben, eine jüdische Polizei, eine soziale Hilfsstelle, einen Arbeitsausschuß, ein Gesundheitsamt – mithin einen gesamten Regierungsapparat.

Alle staunten. Von jetzt ab würden wir nicht mehr

den feindseligen Gesichtern, nicht mehr den haßerfüllten Blicken ausgesetzt sein. Furcht und Angst waren ausgestanden und vorbei. Wir lebten unter Juden, unter Brüdern . . .

Natürlich gab es immer wieder peinliche Augenblicke. Jeden Tag holten die Deutschen Männer zur Verladung von Kohle auf ihre Militärtransportzüge. Für diese Arbeit gab es wenige Freiwillige. Aber abgesehen davon war die Atmosphäre friedlich und beruhigend.

Allgemein wurde angenommen, daß wir bis zum Kriegsende, bis zum Einmarsch der Roten Armee, im Ghetto bleiben würden. Dann würde das alte Leben wieder einkehren. Somit herrschte weder der Deutsche noch der Jude im Ghetto, sondern die Illusion.

Am Samstag vor Pfingsten schlenderten die Menschen unter dem Frühlingshimmel sorglos durch die bevölkerten Straßen. Man plauderte fröhlich. Die Kinder spielten mit Haselnüssen auf dem Gehsteig. In Esra Maliks Garten versuchte ich mit einigen Kameraden eine Stelle im Talmud zu ergründen.

Die Nacht brach ein. Im Hof unseres Hauses waren etwa zwanzig Personen versammelt, denen mein Vater Geschichten erzählte und seine Meinung über die Lage auseinandersetzte. Er war ein guter Erzähler.

Plötzlich ging die Tür zum Hof einen Spalt auf und Stern – ein alter Kaufmann, der Polizist geworden war – trat ein und rief meinen Vater zur Seite. Trotz der einfallenden Dunkelheit sah ich ihn erbleichen.

„Was gibt's?" wollte man wissen.

„Ich weiß es nicht. Man hat mich zu einer außerordentlichen Versammlung gerufen. Es muß etwas vorgehen."

Die schöne Geschichte, die er gerade erzählte, blieb unbeendet.

„Ich gehe sofort hin", sagte mein Vater statt dessen. „Ich komme so rasch wie möglich zurück. Ihr sollt alles erfahren. Wartet hier."

Man machte sich auf stundenlanges Warten gefaßt. Der Hof wurde zum Vorzimmer eines Operationssaals. Man wartete nur darauf, daß die Tür wieder aufgehen und der Himmel sich aufklären würde. Durch das Gerücht mißtrauisch gemacht, gesellten sich weitere Nachbarn zu uns. Man schaute auf die Uhr. Die Zeit verstrich im Schneckentempo. Was mochte eine so lange Sitzung bedeuten?

„Mir schwant nichts Gutes", meinte meine Mutter. „Heute nachmittag habe ich neue Gesichter im Ghetto gesehen. Zwei deutsche Offiziere, ich glaube, von der Gestapo. Seit wir hier sind, hat sich noch kein einziger Offizier gezeigt."

Es ging auf Mitternacht. Kein Mensch verspürte Lust, zu Bett zu gehen. Der eine oder andere eilte auf einen Sprung zu sich hinüber, um nach dem Rechten zu sehen. Andere gingen endgültig heim, baten jedoch, benachrichtigt zu werden, sobald mein Vater zurück sei.

Endlich ging die Tür auf, und er erschien. Bleich. Sofort wurde er umringt.

„Erzählen Sie! Sagen Sie, was los ist! Sagen Sie irgend etwas . . ."

Man war in diesem Augenblick nur darauf aus, ein Wort der Zuversicht, der Beschwichtigung zu vernehmen, zu hören, die Versammlung sei wie üblich, alltäglich verlaufen, es seien nur Fragen sozialer und sanitärer Art besprochen worden . . . Man brauchte jedoch nur das verstörte Gesicht meines Vaters zu sehen, um eines Besseren belehrt zu werden:

„Eine furchtbare Nachricht", verkündete er schließlich. „Die Deportation."

Das Ghetto sollte aufgelöst werden. Die Verschikkung sollte schon vom nächsten Tag an straßenweise vor sich gehen.

Man wollte alles wissen und alle Einzelheiten erfahren. Die Nachricht betäubte uns, trotzdem wollten wir den bitteren Becher bis zur Neige leeren.

„Wohin wird man uns bringen?"

Das war Staatsgeheimnis. Ein Geheimnis für alle, ausgenommen für einen: für den Vorsitzenden des Judenrates. Er aber wollte es nicht, konnte es nicht sagen. Die Gestapo hatte gedroht, ihn zu erschießen, wenn er ein Wort verlauten ließe.

Mit gebrochener Stimme warf mein Vater hin:

„Man munkelt, es soll irgendwohin nach Ungarn gehen, zur Zwangsarbeit in die Ziegelbrennereien. Anscheinend, weil die Front schon zu nahe gerückt ist . . ."

Nach einem kurzen Stillschweigen fügte er hinzu:

„Jeder darf nur das Allernotwendigste mitnehmen, einen Rucksack, etwas Proviant, ein paar Kleidungsstücke, sonst nichts."

Wieder entstand bedrücktes Schweigen.

„Geht und weckt die Nachbarn", sagte mein Vater. „Sie sollen sich vorbereiten . . ."

Um mich her erwachten Schatten wie aus einem langen Schlaf und schlichen in alle Richtungen davon.

Einen Augenblick blieben wir allein. Plötzlich trat Batia Reich, eine bei uns wohnende Verwandte, ins Zimmer:

„Jemand klopft am zugenagelten Fenster: an dem, das auf die Straße geht!"

Erst nach dem Krieg erfuhr ich, wer geklopft hatte. Es war ein ungarischer Polizeiinspektor, ein Freund meines Vaters. Kurz vor dem Entstehen des Ghettos hatte er gesagt: „Seid unbesorgt. Sobald es gefährlich wird, lasse ich es euch wissen." Hätte er an diesem Abend die Möglichkeit gehabt, mit uns zu sprechen, wir hätten noch fliehen können . . . Als wir endlich das Fenster aufbrachen, war es schon zu spät. Es war niemand mehr draußen.

Das Ghetto erwachte. Eines nach dem anderen gingen die Lichter hinter den Läden an.

Ich betrat das Haus von einem Freunde meines Vaters. Ich weckte den Hausherrn, einen vom langjährigen Studium gebeugten, graubärtigen Greis.

„Stehen Sie auf, stehen Sie bitte auf! Machen Sie sich reisefertig. Sie und die Ihren werden morgen vertrieben, Sie und alle anderen Juden. Wohin? Fragen

Sie nicht, stellen Sie mir keine Fragen. Nur Gott kann Ihnen antworten. Um des Himmels willen, stehen Sie auf . . ."

Er verstand kein Wort von dem, was ich sagte. Vermutlich glaubte er, ich hätte den Verstand verloren.

„Was erzählst du da? Ich mich reisefertig machen? Was für eine Reise denn? Warum? Was geht hier vor? Bist du verrückt geworden?"

Schlaftrunken blickte er mich an, das Auge voller Schrecken, als erwarte er, daß ich schallend herauslache und gestehe:

„Legen Sie sich wieder hin. Schlafen Sie weiter und träumen sie süß. Es geht überhaupt nichts vor. Es war bloß Spaß . . ."

Meine Kehle war trocken, die Worte blieben mir im Halse stecken und lähmten meine Lippen. Ich brachte kein Wort heraus.

Endlich begriff er, stieg aus dem Bett und begann sich automatisch anzukleiden. Dann trat er an das Bett seiner Frau und berührte ganz zärtlich ihre Stirn. Sie schlug die Augen auf, und es schien, als husche ein Lächeln über ihre Lippen. Dann riß er rasch seine beiden Kinder aus ihren Träumen. Ich machte mich davon.

Die Zeit verstrich blitzschnell. Inzwischen war es vier Uhr morgens geworden. Mein Vater lief hierhin und dorthin, erschöpft tröstete er Freunde und eilte zum Judenrat, um nachzufragen, ob die Verordnung inzwischen nicht widerrufen worden sei. Bis zuletzt glimmte ein Funke Zuversicht in allen Herzen.

Die Frauen kochten Eier, brieten Fleisch und buken Kuchen, nähten Rucksäcke; die Kinder irrten mit hängenden Köpfen umher und wußten nicht, wo sie bleiben und ein Plätzchen finden sollten, ohne die Erwachsenen zu stören. Unser Hof war ein Markt geworden. Wertsachen, kostbare Teppiche, silberne Leuchter, Gebetbücher, Bibeln und Kultgegenstände lagen unter einem lichtblauen Himmel in Haufen auf dem staubigen Erdboden, arme Dinge, die nie einen Besitzer gehabt zu haben schienen.

Um acht Uhr morgens lastete bleierne Müdigkeit in den Adern, in den Gliedern, im Gehirn. Ich wollte gerade beten, als plötzlich Schreie auf der Straße ertönten. Rasch band ich meine Tefilim* ab und lief ans Fenster. Ungarische Gendarmen waren im Ghetto erschienen und schrien in der Nachbarstraße:

„Alle Juden raus! Und zwar dalli!"

Jüdische Polizisten betraten die Häuser und sagten mit gebrochener Stimme:

„Es ist soweit ... Ihr müßt alles stehen- und liegenlassen ..."

Die ungarischen Gendarme schlugen mit Gewehrkolben und Gummiknüppeln wahllos auf die Ghettobewohner ein, auf Greise und Frauen, auf Kinder und Kranke.

Nach und nach leerten sich die Häuser, und die Straße füllte sich mit Menschen und Paketen. Um zehn Uhr standen alle Verurteilten im Freien. Einmal, zweimal, zwanzigmal ließen die Gendarmen antreten. Es war sehr heiß. Der Schweiß rann von Gesichtern und Körpern.

Kinder jammerten nach einem Schluck Wasser.

Wasser! Es gab genug in nächster Nähe, in den Häusern, in den Höfen, es war jedoch verboten, aus Reih und Glied zu treten.

„Wasser, Mama, bitte Wasser!"

Jüdischen Ghetto-Polizisten gelang es, heimlich einige Krüge zu füllen. Meine Schwestern und ich, die wir für den letzten Transport bestimmt waren und uns daher noch bewegen durften, halfen ihnen dabei, so gut wir konnten.

Um ein Uhr nachmittags wurde endlich das Zeichen zur Abfahrt gegeben.

Alle freuten sich, ja, sie freuten sich wirklich. Sie dachten sicherlich, in der Hölle Gottes gäbe es kein größeres Leiden als hier, auf dem Gehsteig inmitten

* Gebetsriemen, auf denen Kästchen mit Pergamentstreifen befestigt sind, die an Stirn und linkem Oberarm getragen werden (Anmerkung des Übersetzers).

der Bündel, mitten auf der Straße in glühender Sonnenhitze zu kauern, alles sei besser als das. Man setzte sich in Bewegung, ohne einen Blick auf die verlassenen Straßen, auf die leeren, erloschenen Häuser, auf die Gärten, auf die Grabsteine zurückzuwerfen ... An jedem Rücken hing ein Rucksack. In den Augen eines jeden lag tränenvoller Schmerz. Langsam, schwerfällig strebte der Zug dem Ausgang des Ghettos entgegen.

Ich stand auf dem Gehsteig, unfähig, eine Bewegung zu machen, und sah die Menschen an mir vorbeiziehen. Jetzt kam der Rabbiner, den Rücken gebeugt, das Gesicht glattrasiert, sein Bündel auf dem Rücken. Seine bloße Gegenwart unter all den Vertriebenen genügte, um dieses Schauspiel unwirklich zu machen. Ich glaubte, eine Seite aus einem Geschichtenbuch, aus einem historischen Roman über die babylonische Gefangenschaft oder über die spanische Inquisition zu erleben.

Einer nach dem anderen zogen sie an mir vorüber, die Lehrer, die Freunde, all die anderen, die, vor denen ich Angst gehabt hatte, die, über die ich gelacht, die, mit denen ich all die Jahre verbracht hatte. Krumm, wie geprügelte Hunde, trotteten sie davon und schleppten ihren Rucksack, ihr Leben mit, verließen ihr Heim und ihre Kindheit.

Ohne mich anzublicken, schoben sie sich an mir vorbei und beneideten mich vielleicht.

Die Prozession verschwand hinter der Straßenecke. Noch wenige Schritte, und sie mußte die Ghettomauern durchschritten haben.

Die Straße glich einem eilends verlassenen Markt. Alles mögliche lag herum: Handkoffer, Servietten, Geldbeutel, Messer, Teller, Banknoten, Papiere, vergilbte Familienbilder. Lauter Dinge, die man einen Augenblick lang hatte mitnehmen wollen und schließlich zurücklassen mußte. Sie hatten ihren Wert vollkommen verloren.

Überall standen Zimmertüren offen, und Fenster gähnten ins Leere. Mit einemmal gehörte alles allen, nichts mehr hatte einen Besitzer. Man brauchte sich nur zu bedienen. Die Judenstadt war ein offenes Grab – in der Sommersonne.

Wir hatten den ganzen Tag nichts gegessen, waren aber nicht hungrig, sondern nur erschöpft.

Mein Vater hatte die Deportierten bis zum Ghettotor begleitet. Sie waren zunächst durch die große Synagoge geschleust worden, wo man sie sorgfältig durchsuchte, um festzustellen, ob sie nicht Gold, Silber oder andere Wertgegenstände mit sich führten. Dabei gab es Weinkrämpfe und Knüppelschläge.

„Wann kommen wir dran?" fragte ich meinen Vater.

„Übermorgen. Es sei denn . . . es sei denn, daß die Sache sich einrenkt. Vielleicht geschieht noch ein Wunder . . ."

Wohin brachte man die Menschen? War es noch nicht bekannt? Nein, das Geheimnis wurde streng gehütet.

Die Nacht brach ein. An diesem Abend gingen wir früh schlafen. Mein Vater sagte:

„Schlaft ruhig, Kinder. Wir haben Zeit bis übermorgen. Bis zum Dienstag."

Der Montag verging wie eine kleine Sommerwolke, wie ein Traum in den ersten Morgenstunden.

Mit der Anfertigung der Rucksäcke, mit dem Bakken von Brötchen und Brot beschäftigt, dachten wir an nichts mehr. Das Urteil war ja gesprochen.

Abends hieß die Mutter uns früh zu Bett gehen, um Kräfte zu sammeln, wie sie sagte. Die letzte Nacht, die wir zu Hause verbrachten.

Mit dem Hahnenschrei war ich wach. Ich wollte Zeit zum Beten haben, bevor man uns aus dem Hause trieb.

Mein Vater war vor uns allen aufgestanden, um Auskünfte einzuholen. Er kam gegen acht Uhr zurück und brachte eine gute Nachricht:

Wir sollten heute noch nicht verschickt, sondern nur ins kleine Ghetto überführt werden. Dort sollten wir den Abtransport erwarten. Wir würden zuletzt an die Reihe kommen.

Um neun Uhr begann sich das Schauspiel vom Sonntag zu wiederholen. Knüppelbewaffnete Polizisten brüllten: „Alle Juden raus!“

Wir waren bereit. Ich trat als erster auf die Straße. Ich wollte das Gesicht meiner Eltern nicht sehen. Ich wollte nicht in Tränen ausbrechen. Wie die anderen vor zwei Tagen blieben wir mitten auf der Straße sitzen. Wieder brannte die Sonne. Wieder litten wir schrecklichen Durst. Diesmal war aber niemand da, der uns Wasser bringen konnte.

Ich betrachtete unser Haus, in dem ich jahrelang meinen Gott gesucht, in dem ich fastend das Kommen des Messias erwartet, in dem ich mir vorgestellt hatte, wie mein Leben werden würde. Ich war nicht einmal traurig, ich dachte an nichts.

„Aufstehen! Abzählen!“

Aufstehen. Abzählen. Hinsetzen. Wieder aufstehen. Endlose Litanei. Ungeduldig warteten wir darauf, daß man uns abführte. Worauf warteten sie noch? Endlich kam der Befehl: „Vorwärts! Marsch!“

Mein Vater weinte. Es war das erstemal, daß ich ihn weinen sah. Mir war nie der Gedanke gekommen, daß er weinen könnte. Meine Mutter ging verschlossen, wortlos, in Gedanken versunken. Ich blickte auf mein Schwesterchen, auf Tsipora, ein siebenjähriges Mädchen mit sorgfältig gebürsteten, blonden Haaren, das einen roten Mantel über dem Arm trug. Sie biß sich auf die Zähne, sie wußte, daß Klagen nutzlos waren. Da und dort verteilten die Gendarmen Knüppelhiebe: „Rascher!“ Ich hatte keine Kraft mehr. Der Weg hatte kaum begonnen, und schon fühlte ich meine Kräfte versagen . . .

„Rascher! Rascher! Vorwärts, ihr Faulpelze!“ brüllten die ungarischen Schutzpolizisten.

In diesem Augenblick begann ich sie zu hassen, und mein Haß ist das einzige, was mich noch heute an sie bindet. Sie waren unsere ersten Bedrücker. Sie waren das erste Antlitz der Hölle und des Todes.

Man befahl uns zu laufen. Wir setzten uns in Trab. Wer hätte gedacht, daß wir so stark sein würden! Hinter ihren Fenstern, hinter ihren Läden sahen unsere Landsleute uns dahintrotten.

Endlich erreichten wir unseren Bestimmungsort. Man warf die Säcke auf die Erde und ließ sich fallen:

„Mein Gott, König der Welt, erbarme Dich unser . . ."

Das kleine Ghetto. Vor drei Tagen hatten hier noch Menschen gelebt, die Menschen, denen die Gegenstände gehörten, deren wir uns jetzt bedienten. Sie waren vertrieben worden. Wir hatten sie bereits vergessen.

Hier herrschte noch größere Unordnung als im großen Ghetto. Vermutlich waren die Bewohner überraschend abtransportiert worden. Ich suchte die Zimmer auf, in denen die Familie meines Onkels gehaust hatte. Auf dem Tisch stand ein halb ausgelöffelter Teller Suppe. Teig wartete darauf, in den Ofen geschoben zu werden. Bücher lagen wahllos auf dem Fußboden herum. Hatte mein Onkel etwa mit dem Gedanken gespielt, sie mitzunehmen?

Wir richteten uns ein. (Was für ein Ausdruck!) Ich ging Holz holen, meine Schwestern machten Feuer im Herd. Trotz ihrer Müdigkeit schickte meine Mutter sich an, eine Mahlzeit zu bereiten.

„Wir müssen durchhalten, wir müssen durchhalten", sagte sie immer wieder.

Die Stimmung unserer Leidensgefährten war nicht einmal schlecht. Man begann, sich an die Lage zu gewöhnen. Auf der Straße ließ man sich sogar zu optimistischen Meinungen hinreißen:

Die Deutschen würden keine Zeit mehr haben, uns auszutreiben, hieß es . . . Für die, die bereits deportiert worden waren, gab es freilich keine Rettung mehr. Uns hingegen würde man wahrscheinlich unser erbärmliches Leben bis zum Kriegsende weiterführen lassen.

Das Ghetto war nicht bewacht. Jeder konnte unbehelligt ein- und ausgehen. Unser früheres Dienstmädchen Marie kam uns besuchen. Unter heißen Tränen flehte sie uns an, in ihr Dorf zu kommen, wo sie uns eine sichere Bleibe zu verschaffen versprach. Mein Vater wollte davon nichts wissen. Zu meinen zwei großen Schwestern und mir sagte er:

„Wenn ihr wollt, geht mit. Ich bleibe bei Mama und der Kleinen . . .“

Natürlich lehnten wir es ab, uns von den Eltern zu trennen.

Nacht. Niemand betete darum, daß die Nacht rasch verstreichen möge. Die Sterne waren nur Funken des großen Brandes, der uns verzehrte. Wenn dieses Feuer eines Tages erlöschen sollte, würde der Himmel leer sein, es würde nur noch erloschene Sterne und tote Augen geben.

Wir konnten nichts Besseres tun als uns ins Bett zu legen, in die Betten der Deportierten, um auszuruhen und Kräfte zu sammeln.

Im Morgengrauen war die Schwermut verschwunden. Wir kamen uns vor wie in den Ferien. Man sagte sich:

„Wer weiß, vielleicht ist es unser Glück, verschleppt zu werden. Die Front ist nicht mehr weit, bald wird man den Kanonendonner hören. Darum evakuiert man die Zivilbevölkerung . . .“

„Sicherlich haben sie Angst, daß wir Partisanen werden!“

„Meiner Meinung nach ist die ganze Deportationsgeschichte nichts als Theater. Lacht nicht, ich meine es ernst. Die Deutschen wollen nur unseren Schmuck stehlen. Sie wissen natürlich, daß alles eingegraben ist und daß sie suchen müssen. Das geht leichter, wenn die Besitzer in Ferien sind.“

In Ferien!

Mit diesen optimistischen Reden, die kein Mensch glaubte, vertrieben wir uns die Zeit. Die wenigen Tage, die wir hier verbrachten, vergingen ruhig und verhältnismäßig angenehm. Man war freundlich miteinander. Es gab keine Reichen, keine Honoratioren, keine „Persönlichkeiten“ mehr, nur zur gleichen, noch unbekannten Strafe Verurteilte.

Der Sabbat, unser Ruhetag, war für die Verschleppung vorgesehen.

Am Vorabend hatten wir das traditionelle Freitagabendessen eingenommen. Wir hatten die üblichen Segensworte über Brot und Wein gesprochen und wortlos unser Mahl verzehrt. Zum letztenmal – das wußten wir – saßen wir gemeinsam am Familientisch. Ohne Schlaf finden zu können, verbrachte ich die Nacht in Erinnerungen und Gedanken.

Beim Morgengrauen standen wir marschbereit auf der Straße. Diesmal war von ungarischen Polizisten nichts zu sehen. Es war mit dem Judenrat vereinbart worden, daß er alles allein durchführen sollte.

Unser Zug setzte sich in Richtung große Synagoge in Bewegung. Die Stadt schien ausgestorben. Aber hinter ihren Fensterläden warteten unsere Freunde von gestern sicherlich auf den Augenblick, in dem sie unsere Häuser ausräubern konnten.

Die Synagoge glich einem großen Bahnhof: Gepäckstücke und Tränen. Der Altar war zerbrochen, die Wandbekleidung abgerissen, die Wände nackt. Wir waren so viele Menschen, daß wir kaum atmen konnten. Wir verbrachten entsetzliche vierundzwanzig Stunden. Die Männer waren im Erdgeschoß, die Frauen im ersten Stock untergebracht. Es war Samstag: Man hätte meinen können, wir wären zur Andacht gekommen. Da wir nicht auf die Straße hinaustreten durften, verrichteten wir unsere Notdurft in einer Ecke.

Am nächsten Morgen marschierten wir zum Bahnhof, wo uns ein Viehwagentransportzug erwartete. Die ungarischen Gendarmen befahlen uns einzusteigen, je achtzig Personen in einen Waggon. Man ließ uns einige Kanten Brot, ein paar Kübel Wasser. Man prüfte die Gitter der Fenster auf ihre Haltbarkeit. Dann wurden die Wagen versiegelt. Für jeden Wagen wurde ein

Wagenältester bestimmt: Wenn jemand fliehen sollte, würde er erschossen werden. Auf dem Bahnsteig schlenderten zwei Offiziere der Gestapo lächelnd auf und ab. Schließlich war alles reibungslos abgelaufen.

Ein langer Pfiff durchdrang die Luft. Die Räder begannen zu kreischen. Wir waren unterwegs.

Es war nicht daran zu denken, daß alle sich setzen, geschweige denn hinlegen konnten. Daher beschloß man, abwechselnd niederzukauern. Die Luft war klamm. Glücklich, wer an einem Fenster stand und die blühende Landschaft vorbeigleiten sah.

Nach zwei Tagen Fahrt begann uns der Durst zu quälen. Dann wurde die Hitze unerträglich. Befreit von aller Kontrolle der Umwelt gaben die Jungen hemmungslos ihren Trieben nach und paarten sich im Schutze der Nacht mitten unter uns, ohne die geringste Rücksicht zu nehmen, als seien sie allein auf der Welt. Die anderen taten so, als sähen sie nichts.

Wir hatten noch einige Lebensmittel übrig. Aber man aß sich nicht satt. Unser Motto hieß: für den morgigen Tag sparen. Der morgige Tag konnte noch schlimmer werden.

In Kaschau, einem Städtchen an der tschechischen Grenze, hielt der Zug. Wir begriffen somit, daß wir nicht in Ungarn bleiben würden. Zu spät wurden uns die Augen geöffnet.

Die Tür des Viehwagens ging auf, und ein deutscher Offizier erschien in Begleitung eines ungarischen Leutnants, der seine Worte übersetzte:

„Von jetzt ab stehen Sie unter dem Kommando der deutschen Wehrmacht. Wer noch Gold, Silber, Uhren besitzt, soll sie jetzt abgeben. Wer später mit Wertsachen angetroffen wird, wird auf der Stelle erschossen. Zweitens: Wer krank ist, kann im Lazarettwagen reisen. Das ist alles."

Der ungarische Leutnant durchschritt unsere dichtgedrängte Gemeinschaft und sammelte den letzten Besitz derer ein, die den bitteren Geschmack des Schreckens nicht mehr auf der Zunge spüren wollten.

„Ihr seid achtzig Personen im Wagen", fügte der deutsche Offizier hinzu. „Wenn einer fehlt, werdet ihr alle wie Hunde niedergeknallt."

Die beiden verschwanden. Die Türen schlossen sich von neuem. Wir steckten bis zum Halse in der Falle. Die Türen wurden zugenagelt. Der Rückweg war endgültig abgeschnitten. Die Welt war ein hermetisch verriegelter Viehwagen.

Mit uns fuhr Frau Schächter, eine etwa fünfzigjährige Mutter mit ihrem zehnjährigen Sohn, der in seiner Ecke kauerte. Ihr Mann und zwei ältere Söhne waren versehentlich mit dem ersten Transport verfrachtet worden. Die Trennung hatte sie erschüttert.

Ich kannte sie gut. Sie war oft bei uns gewesen: ein friedliches Geschöpf mit glühendem, gespanntem Blick. Ihr Mann war ein frommer Mann, der Tag und Nacht im Lehrhaus verbrachte, so daß sie den Lebensunterhalt der Ihren erarbeiten mußte.

Frau Schächter hatte den Verstand verloren. Am ersten Tag der Fahrt hatte sie zu stöhnen begonnen und fragte, warum man sie von den Ihren getrennt hatte. Später wurden ihre Klagerufe hysterisch.

In der dritten Nacht, während wir sitzend und stehend, aneinandergelehnt, schliefen, durchdrang ein schriller Schrei die Stille:

„Ein Feuer! Ich sehe ein Feuer! Ich sehe ein Feuer!"

Es entstand eine Panik. Wer hatte geschrien? Frau Schächter. Mitten im Waggon, im bleichen Schimmer, der durch die Fenster fiel, glich sie einem verdorrten Baum in einem Kornfeld. Kreischend deutete sie auf das Fenster:

„Seht! Seht doch! Das Feuer! Ein schreckliches Feuer! Habt Mitleid mit mir, das Feuer!"

Männer preßten die Gesichter gegen die Stäbe. Es war nichts zu sehen, nur Nacht.

Lange lastete der Schock dieses schrecklichen Erwachens auf uns. Wir zitterten. Bei jedem Kreischen der Räder auf den Schienen schien es, als gähne ein Abgrund unter unseren Füßen. Unfähig, unsere Angst zu betäuben, suchten wir uns damit zu trösten, daß wir sagten: „Sie ist verrückt, die Arme.“ Um sie zu beruhigen, hatte man ihr ein feuchtes Tuch auf die Stirn gelegt. Trotzdem gellte sie weiter: „Das Feuer! Das Feuer!“

Ihr Bübchen weinte auch, klammerte sich an ihren Rock und suchte ihre Hände: „Es ist nichts, Mama! Es ist nichts . . . Setz' dich wieder hin . . .“ Sein Stammeln tat mir weher als das Jammern seiner Mutter. Andere Frauen suchten sie zu beruhigen: „Sie werden Ihren Mann und Ihre Söhne wiedersehen. In wenigen Tagen . . .“

Trotzdem schrie sie mit keuchender, von Schluchzen unterbrochener Stimme weiter: „Juden, hört mich an: Ich sehe ein Feuer! Flammen schlagen hoch! Ein furchtbarer Brand!“ Als sei eine verdammte Seele in sie geschlüpft und spreche aus der Tiefe ihres Wesens.

Um uns zu beruhigen, eher um selbst Atem zu schöpfen als um sie zu trösten, suchten wir uns einzureden: „Sie muß wahnsinnigen Durst haben, die Ärmste! Deshalb spricht sie immer von dem Feuer, das sie verzehrt . . .“

Es war alles vergebens. Unser Schrecken schien die Wände des Wagens sprengen zu wollen. Unsere Nerven waren bis zum Zerspringen gespannt. Unsere Haut schmerzte. Es war, als griffe der Wahnsinn auch uns an die Kehle. Man hielt es nicht länger aus. Einige junge Leute zwangen sie auf den Boden nieder, fesselten sie und steckten ihr einen Knebel in den Mund.

Von neuem trat Stille ein.

Der Kleine saß neben seiner Mutter und weinte. Mein Atem ging wieder ruhig. Die Räder schlugen auf den Schienen den eintönigen Takt der Reise durch die Nacht. Man konnte wieder einschlummern, dahindämmern, träumen . . .

So vergingen ein oder zwei Stunden. Ein neuer Schrei verschlug uns den Atem. Frau Schächter hatte sich losgemacht und kreischte lauter als vorher:

„Schaut das Feuer! Flammen, Flammen überall!“

Wieder banden und knebelten die jungen Leute die Unglückliche; ermutigt von den anderen, versetzten sie ihr sogar ein paar Püffe.

„Sie soll endlich den Mund halten, die Wahnsinnige! Sie ist nicht allein im Wagen!"

Man schlug sie auf den Kopf, hart, unerbittlich. Ihr kleiner Junge klammerte sich an sie, ohne einen Ton von sich zu geben. Er weinte nicht einmal mehr.

Die Nacht schien nicht enden zu wollen. Gegen Morgen beruhigte sich Frau Schächter. In ihrer Ecke kauernd, den dumpfen Blick ins Leere gerichtet, sah sie uns nicht mehr.

So verharrte sie den ganzen Tag, stumm, abwesend, eine Fremde unter uns allen. Beim Einbruch der Nacht schrie sie von neuem: „Der Brand, dort!" Und sie deutete auf einen Punkt im Raum, auf ein und denselben. Man hatte keine Lust mehr, sie zu schlagen. Die Hitze, der Durst, der Pesthauch, der Mangel an frischer Luft erstickte uns, aber all das war nichts im Vergleich zu den Schreien, die uns innerlich zerrissen. Noch wenige Tage, und wir hätten allesamt zu schreien begonnen.

Der Zug lief jedoch in einen Bahnhof ein. Wer am Fenster stand, rief den Namen der Station in den Wagen hinein:

„Auschwitz!"

Niemand hatte den Namen jemals gehört.

Der Zug fuhr nicht weiter. Langsam schlich der Nachmittag. Dann wurden die Türen aufgeschoben. Zwei Insassen durften aussteigen, um Wasser zu holen.

Als sie zurückkehrten, erzählten sie, was sie im Austausch gegen eine goldene Uhr erfahren hatten. Auschwitz war die Endstation. Hier würde alles ausgeladen werden. Hier lag ein Arbeitslager. Gute Behandlung. Die Familien würden nicht getrennt. Nur die Jungen müßten in den Fabriken arbeiten. Die Greise und Kranken würden zur Feldarbeit eingesetzt.

Das Stimmungsbarometer stieg sprunghaft. Blitzartig fühlten wir uns von allen Schrecken der vergangenen Nächte befreit. Man dankte Gott.

Frau Schächter blieb in ihrem Winkel hocken, zusammengesunken, stumm, gleichgültig gegen die allgemeine Hoffnungsfreudigkeit. Ihr Bübchen streichelte ihre Hand.

Langsam kroch die Dämmerung in den Wagen. Wir schickten uns an, unseren letzten Proviant zu verzehren. Gegen zehn Uhr abends suchte jeder eine günstige Stellung, um ein wenig zu schlummern, und bald schliefen alle Wageninsassen. Plötzlich ertönte der Schrei:

„Das Feuer! Es brennt! Seht, dort . . .!“

Aus dem Schlaf aufgeschreckt, stürzten wir zum Fenster. Wieder hatten wir es geglaubt, wenn auch nur für den Bruchteil einer Sekunde. Aber draußen war nichts als Nacht. Tief beschämt nahmen wir wieder unsere Schlafstellung ein und waren trotzdem von Angst zerfressen. Da sie aber weiterschrie, schlugen wir von neuem auf sie ein und vermochten sie nur mit großer Mühe zum Schweigen zu bringen.

Der Wagenälteste rief einen deutschen Offizier, der auf dem Bahnsteig auf und ab ging, und bat ihn, man möge unsere Kranke in den Lazarettwagen überführen.

„Geduld“, antwortete dieser, „Geduld. Man wird sie bald hinbringen.“

Gegen elf Uhr setzte sich der Zug in Bewegung. Man drängte zu den Fenstern. Langsam fuhr man weiter. Eine Viertelstunde später hielt man wieder. Durch die Fenster sah man Stacheldraht. Das mußte das Lager sein.

Wir hatten Frau Schächter ganz vergessen. Plötzlich hörten wir furchtbares Schreien:

„Juden, seht! Seht das Feuer! Die Flammen, seht nur!“

Der Zug hielt an, und diesmal sahen wir Flammen, die in der tiefen Nacht aus einem hohen Schornstein schlugen. Frau Schächter war von selbst verstummt. Schweigend, teilnahmslos, abwesend saß sie wieder in ihrem Eckchen.

Wir blickten auf die Flammen in der Nacht. Ein widerwärtiger Geruch lag in der Luft. Plötzlich öffneten sich die Türen. Seltsame, mit gestreiften Jacken und schwarzen Hosen bekleidete Gestalten, eine Stablampe in der einen, einen Knüppel in der anderen Hand, sprangen in den Wagen und riefen, nach links und rechts Hiebe austeilend:

„Alles aussteigen! Alles im Wagen lassen! Wird's bald!"

Wir sprangen auf den Bahnsteig hinunter. Ich warf einen letzten Blick auf Frau Schächter. Ihr kleiner Junge hielt ihre Hand.

Vor uns Flammen. In der Luft der Geruch von verbranntem Fleisch. Es mußte Mitternacht sein. Wir waren da. In Birkenau.

Die alten, liebgewonnenen Gegenstände, die wir bis hierher mitgeschleift hatten, blieben im Wagen zurück und damit unsere Illusionen.

Alle zwei Meter stand ein SS-Mann und hielt seine Maschinenpistole drohend auf uns gerichtet. Hand in Hand folgten wir den anderen.

Ein SS-Unteroffizier, einen Gummiknüppel in der Hand, kam auf uns zu und befahl:

„Männer links raus! Frauen rechts raus!"

Vier Worte, ruhig und gleichgültig gesprochen, unbewegt. Vier schlichte, kurze Worte. Für mich zwar der Augenblick, in dem ich meine Mutter verlassen mußte. Ich fand keine Zeit, nachzudenken, als ich schon den Druck der Hand meines Vaters fühlte: wir waren allein, getrennt. Den Bruchteil einer Sekunde lang konnte ich meine Mutter und meine Schwestern nach rechts heraustreten sehen. Tsipora hielt Mamas Hand. Ich sah, wie sie sich entfernten. Meine Mutter streichelte die blonden Haare meiner Schwester, wie um sie zu beschützen. Ich ging mit meinem Vater, mit den Männern weiter. Ich wußte nicht, daß ich an dieser Stelle, in diesem Augenblick, Mutter und Tsipora für immer verließ. Ich ging weiter. Mein Vater hielt meine Hand.

Hinter mir brach ein Greis zusammen. Neben ihm steckte ein SS-Mann seine Pistole wieder ein.

Meine Hand verkrampfte sich in den Arm meines Vaters. Nur ein Gedanke: ihn nicht verlieren. Nicht allein bleiben.

Die SS-Offiziere befahlen:

„In Fünferreihen antreten!"

Ein Durcheinander entstand. Es galt, unbedingt zusammenzubleiben.

„Heda, Kleiner, wie alt bist du?"

Der Fragesteller war ein Gefangener. Ich sah sein Gesicht nicht, aber seine Stimme klang müde und warm.

„Noch keine fünfzehn."

„Nein. Achtzehn."

„Nein", erwiderte ich. „Fünfzehn."

„Dummkopf. Hör, was ich dir sage."

Dann fragte er meinen Vater nach seinem Alter, der antwortete:

„Fünfzig Jahre."

Noch wütender geworden, sagte der andere:

„Nein, nicht fünfzig. Vierzig. Verstehen Sie? Achtzehn und Vierzig."

Er verschwand in der Nacht. Ein anderer erschien fluchend:

„Hundesöhne, warum seid ihr gekommen? Sprecht, warum, warum?"

Jemand wagte zu antworten:

„Was meinen Sie wohl? Etwa zum Vergnügen? Glauben Sie, wir hätten darum gebeten?"

Fast hätte der andere ihn niedergeschlagen:

„Halt's Maul, Schweinehund, oder ich hau' dich zusammen. Ihr hättet euch lieber aufhängen sollen, wo ihr wart, statt hierherzukommen. Habt ihr nicht gewußt, was in Auschwitz gespielt wird? Ihr hattet keine Ahnung? Und das im Jahre 1944?"

Wir wußten es nicht. Niemand hatte uns ein Wort gesagt. Er traute seinen Ohren nicht. Sein Ton wurde immer brutaler.

„Seht ihr den Schornstein dort? Seht ihr ihn? Und

die Flammen, seht ihr sie? (Wir sahen sie, die Flammen.) Dorthin wird man euch führen. Dort wartet euer Grab auf euch. Habt ihr's noch nicht begriffen? Hundesöhne, kapiert ihr denn gar nichts? Man wird euch verbrennen. Euch verkalken, euch einäschern!"

Seine Wut wurde hysterisch. Wir standen reglos, wie versteint. War das nicht ein Alptraum? Ein unvorstellbarer Alptraum?

Da und dort hörte ich murmeln:

„Es muß etwas unternommen werden. Wir dürfen uns nicht morden, uns nicht wie Vieh zum Schlachthof führen lassen. Wir müssen uns wehren."

Es befanden sich einige handfeste Burschen unter uns, die Dolche bei sich hatten und ihre Gefährten aufforderten, sich auf die bewaffneten Wächter zu stürzen. Ein junger Mann sagte:

„Die Welt muß wissen, was Auschwitz bedeutet. Alle, die noch rechtzeitig fliehen können, sollen es erfahren ..."

Aber die Älteren flehten ihre Söhne an, keine Dummheiten zu machen:

„Wir dürfen die Hoffnung nicht verlieren, selbst wenn das Damoklesschwert über uns schwebt." So sprachen unsere Weisen.

Die Welle der Empörung verebbte. Wir marschierten bis zu einer Wegkreuzung weiter. Dort stand Herr Dr. Mengele, jener berühmte Dr. Mengele – ein typischer SS-Offizier, grausame Gesichtszüge, aber nicht ohne Klugheit, Monokel im Auge, einen Taktstock in der Hand –, im Kreise anderer Offiziere. Das Stöckchen bewegte sich ohne Unterlaß, bald nach rechts, bald nach links.

Schon stand ich vor ihm:

„Dein Alter?" fragte er mit einem Ton, der wahrscheinlich väterlich klingen sollte.

„Achtzehn Jahre." Meine Stimme zitterte.

„Gesund?"

„Beruf?"

„Ja."

Sollte ich sagen, ich sei Student?

„Landarbeiter", hörte ich mich sagen.

Die Unterhaltung dauerte kaum einige Sekunden. Sie schien mir eine Ewigkeit zu währen.

Das Stöckchen sprang nach links. Ich machte einen halben Schritt vorwärts. Ich wollte zunächst sehen, wohin man meinen Vater führen würde. Ginge er nach rechts, würde ich ihn einholen können.

Wieder neigte sich das Stöckchen nach links. Mir fiel ein Stein vom Herzen.

Wir wußten noch nicht, welches die gute Richtung war, die nach links oder die nach rechts, welcher Weg ins Zuchthaus und welcher ins Vernichtungslager führte. Trotzdem war ich glücklich, ich war ja bei meinem Vater. Langsam schob sich unsere Kolonne weiter.

Ein anderer Gefangener trat auf uns zu:

„Zufrieden?"

„Ja", antwortete einer.

„Ihr Armen, ihr geht in die Gaskammer."

Er schien die Wahrheit zu sagen. Nicht weit von uns entfernt loderten Flammen aus einem Graben empor, riesige Flammen. Dort wurde etwas verbrannt. Ein Lastwagen näherte sich dem Erdloch und schüttete seine Ladung aus: es waren kleine Kinder. Säuglinge! Ich hatte sie mit eigenen Augen gesehen ... Kinder in den Flammen. (Ist es verwunderlich, wenn mich seither der Schlaf flieht?)

Nun waren wir da, etwas weiter weg würde ein breiterer Graben für die Erwachsenen ausgeschachtet sein.

Ich kniff mir ins Gesicht: Lebte ich noch? Wachte ich oder träumte ich? Ich konnte es gar nicht glauben. Wie war es möglich, daß Menschen und Kinder verbrannt wurden und die Welt dazu schwieg? Nein, all das konnte nicht wahr sein. Ein Alptraum ... Gleich würde ich aus dem Schlaf auffahren und mich klopfenden Herzens in meinem Kinderzimmer mit meinen Büchern wiederfinden ...

Die Stimme meines Vaters entriß mich meinen Gedanken:

„Schade ... Schade, daß du nicht mit deiner Mutter gegangen bist ... Ich habe viele Jungens deines Alters mit ihrer Mutter fortgehen sehen ..."

Seine Stimme war furchtbar traurig. Ich begriff, daß er nicht sehen wollte, was man mir antun würde. Er wollte nicht seinen einzigen Sohn brennen sehen.

Kalter Schweiß bedeckte meine Stirn. Ich sagte ihm jedoch, daß ich nicht daran glaubte, daß man in unserer Zeit Menschen verbrennen könne, daß die Menschheit es nie zulassen würde ...

„Die Menschheit? Die Menschheit interessiert sich nicht für uns. Heute ist alles erlaubt. Alles ist möglich, sogar die Gaskammern ..."

Seine Stimme versagte.

„Vater", sagte ich, „wenn das so ist, will ich nicht länger warten. Ich renne in den elektrisch geladenen Stacheldraht. Das ist noch besser, als stundenlang in den Flammen zu leiden."

Er antwortete nicht. Er weinte. Sein Körper war vom Schluchzen geschüttelt. Ringsum weinten alle. Jemand begann, Kaddisch, das Totengebet, aufzusagen. Ich weiß nicht, ob es in der langen Geschichte des jüdischen Volkes einmal vorgekommen ist, daß Menschen das Totengebet für sich selbst sprachen.

„Jisgadal wejiskadasch schme raba ... Sein Name sei erhöht und geheiligt ...", murmelte mein Vater.

Zum erstenmal fühlte ich Aufruhr in mir aufwallen. Warum sollte ich seinen Namen heiligen? Der Ewige, der König der Welt, der allmächtige und furchtbare Ewige schwieg, wofür sollte ich ihm danken?

Wir marschierten weiter. Allmählich näherten wir uns dem Graben, dem eine Gluthitze entstieg. Noch zwanzig Schritt. Wenn ich mir den Tod geben wollte, war der Augenblick gekommen. Unsere Kolonne brauchte nur noch zwanzig Schritt zurückzulegen. Ich biß mir auf die Lippen, damit mein Vater nicht meinen zitternden Unterkiefer sah. Noch zehn Schritte, noch acht. Sieben. Wir marschierten langsam, wie hinter dem Leichenwagen unseres eigenen Begräbnisses einher. Nur noch vier, dann drei Schritte. Nun standen wir vor dem lodernden Graben. Ich riß meine letzten Kräfte zusammen, um aus der Reihe zu setzen und mich in den Stacheldraht zu werfen. Tief im Herzen nahm ich Abschied von meinem Vater, von der ganzen Welt, und unwillkürlich bildeten sich Worte auf meinen Lippen: „Jisgadal wejiskadasch schme raba ... Sein Name sei erhöht und geheiligt ...“ Mein Herz wollte zerspringen. Nun gut. Ich stand vor dem Todesengel ...

Nein. Zwei Schritte vor dem Graben befahl man uns, links abzuschwenken und in eine Baracke zu treten.

Ich drückte die Hand meines Vaters. „Erinnerst du dich an Frau Schächter im Zug?“ fragte er.

Nie werde ich diese Nacht vergessen, die erste Nacht im Lager, die aus meinem Leben eine siebenmal verriegelte, lange Nacht gemacht hat.

Nie werde ich diesen Rauch vergessen.

Nie werde ich die kleinen Gesichter der Kinder vergessen, deren Körper vor meinen Augen als Spiralen zum blauen Himmel aufstiegen.

Nie werde ich die Flammen vergessen, die meinen Glauben für immer verzehrten.

Nie werde ich das nächtliche Schweigen vergessen, das mich in alle Ewigkeit um die Lust am Leben gebracht hat.

Nie werde ich die Augenblicke vergessen, die meinen Gott und meine Seele mordeten, und meine Träume, die das Antlitz der Wüste annahmen.

Nie werde ich das vergessen, und wenn ich dazu verurteilt wäre, so lange wie Gott zu leben. Nie.

Man pferchte uns in eine langgestreckte Baracke. Am Dach waren einige blaugefärbte Luken angebracht. So muß die Vorhölle aussehen. So viele angstgepeinigte Menschen, so viele Schreie, soviel bestialische Grausamkeit.

Zahllose Inhaftierte empfingen uns mit geschwungenem Prügel und hieben grundlos nach allen Seiten, auf irgend etwas, auf irgend jemanden ein. Befehle wie „Ausziehen! Wird's bald! Raus!" ertönten. „Behaltet nur den Gürtel und die Schuhe in der Hand ..."

Man mußte seine Kleider auf einen im hinteren Teil der Baracke aufgetürmten Haufen werfen. Da lagen die neuen und alten Anzüge, zerschlissene Mäntel, Fetzen. Für uns war es die wahre Gleichheit: die der Nacktheit. Zitternd vor Kälte.

Einige SS-Offiziere schritten auf der Suche nach kräftigen Männern den Raum ab. Wenn Körperkraft geschätzt war, empfahl es sich vielleicht, als robust angesehen zu werden. Mein Vater dachte anders: es sei besser, nicht aufzufallen. Das Schicksal der anderen würde auch unseres werden. (Später sollten wir erfahren, daß er recht behalten hatte. Die an diesem Tag ausgewählten Männer wurden dem Sonderkommando zugeteilt, jenem Kommando, das in den Gaskammern arbeitete. Bela Katz – der Sohn eines Großkaufmanns meiner Vaterstadt – war eine Woche vor uns in Birkenau angekommen – mit dem ersten Transport. Als er von unserer Ankunft erfuhr, ließ er uns sagen, daß er wegen seiner Körperkraft dem Sonderkommando zugeteilt und dadurch gezwungen worden sei, seinen eigenen Vater in die Gaskammer zu schieben.)

Weiter hagelten die Hiebe:

„Zum Friseur!"

Gürtel und Schuhe in der Hand ließ ich mich zu den Friseuren treiben. Ihre Haarschneidemaschinen rissen das Haar aus und rasierten den ganzen Körper kahl. In meinem Kopf hämmerte nur ein Gedanke: mich nur nicht von meinem Vater zu entfernen.

Den Händen der Haarschneider entronnen, wanderten wir durch die Menschenmenge und trafen Bekannte, Freunde. Diese Begegnungen erfüllten uns mit Freude – ja, mit Freude: „Gott sei gelobt! Du lebst noch ...!"

Andere wiederum weinten. Sie nutzten die ihnen verbleibende Kraft, um zu weinen. Warum hatten sie sich hierherbringen lassen? Warum waren sie nicht im Bett gestorben? klagten sie mit schluchzender Stimme.

Plötzlich umschlang jemand meinen Hals: Jaschiel, der Bruder des Rabbiners von Sighet. Er weinte herzzerreißend. Ich meinte, er weine aus Freude, noch am Leben zu sein.

„Weine nicht, Jaschiel", bat ich. „Es ist schade um die Tränen . . ."

„Ich soll nicht weinen? Wir stehen auf der Schwelle des Todes. Bald werden wir drin sein . . . Verstehst du? Drinnen! Wie sollte ich da nicht weinen?"

Durch die bläulichen Dachluken sah ich langsam die Nacht sinken. Ich hatte keine Angst mehr. Dann befiel mich unmenschliche Müdigkeit.

Die Zurückgebliebenen streiften wir kaum noch mit unseren Gedanken. Man sprach noch von ihnen – „wer weiß, was aus ihnen geworden ist?" –, aber man sorgte sich nicht mehr um ihr Schicksal. Man war unfähig, noch an irgend etwas zu denken. Die Sinne waren abgestumpft, alles versank in Nebel. Man klammerte sich an nichts mehr. Der Selbsterhaltungs- und Selbstverteidigungstrieb, die Eigenliebe – alles war verschwunden. In einem letzten Augenblick der Hellsicht schien es mir, als seien wir im Nichts umherirrende, verfluchte Seelen, dazu verurteilt, bis zum Ende aller Tage Räume des Alls zu durchwandern, auf der Suche nach Erlösung, auf der Suche nach Vergessen, ohne Hoffnung, es zu finden.

Gegen fünf Uhr morgens stieß man uns aus der Baracke. Kapos schlugen uns von neuem, aber ich spürte die Schläge nicht mehr. Eisiger Wind empfing uns. Wir waren nackt und hatten Schuhe und Gürtel in der Hand. „Laufschritt" hieß es. Wir liefen. Nach einigen Minuten Dauerlauf erreichten wir eine neue Baracke.

Vor der Tür stand ein Faß mit Petroleum. Desinfektion. Jeder wird hineingetaucht. Hinterher eine heiße Dusche. In aller Geschwindigkeit. Gleich darauf wird man hinausgejagt. Wieder laufen. Wieder eine Baracke: das Lagerhaus. Lange Tische. Stapel Sträflingskleidung. Im Vorbeilaufen wirft man uns Hose, Jacke, Hemd und Stiefel zu.

In wenigen Sekunden hatten wir aufgehört, Menschen zu sein. Wäre die Situation nicht so tragisch gewesen, wir hätten vor Lachen herausplatzen müssen. Was für ein Aufzug! Meir Katz, ein Hüne von einem Menschen, hatte eine Kinderhose bekommen; Stern, ein mageres Männchen, eine Jacke, in der er ertrank. Rasch nahmen wir den nötigen Austausch vor.

Ich blickte mich nach meinem Vater um. Wie verändert er aussah! Sein Blick war düster. Ich wollte ihm etwas sagen, aber ich wußte nicht, was.

Die Nacht war vorüber. Der Morgenstern glitzerte am Himmel. Auch ich war ein völlig anderer Mensch geworden. Der Talmud-Schüler, das Kind, das ich einst gewesen, war in den Flammen untergegangen, und es blieb nur noch eine Hülle übrig, die mir ähnelte. Eine schwarze Flamme hatte meine Seele durchzüngelt und sie verzehrt.

So vieles hatte sich in wenigen Stunden ereignet, daß ich das Zeitgefühl vollständig verloren hatte. Wann hatten wir unser Haus verlassen? Und das Ghetto? Und den Zug? Vor einer Woche? Oder erst vor einer Nacht, einer einzigen Nacht?

Wie lange standen wir schon in dem eisigen Wind? Eine Stunde? Eine einzige Stunde von sechzig Minuten?

Es mußte ein Traum sein.

Nicht weit von uns entfernt arbeiteten Häftlinge. Die einen schachteten Löcher aus, andere schleppten Sand. Keiner von ihnen warf uns einen Blick zu. Wir kamen uns vor wie Bäume, die im Herzen einer Einöde verdorrt waren. Hinter mir hörte ich sprechen. Ich hatte keine Lust, zu hören, was gesagt wurde und wer sprach. Niemand wagte die Stimme zu erheben, obgleich kein Aufseher in der Nähe stand. Man flüsterte. Vielleicht geschah es wegen des dichten Rauches, der die Luft vergiftete und in die Kehle drang . . .

Man trieb uns in eine neue Baracke im Zigeunerlager. In Fünferreihen.

„Daß sich keiner muckst!“

Fußboden gab es keinen, nur ein Dach und vier Wände. Die Füße versanken im Dreck.

Wieder begann das Warten. Stehend schlief ich ein. Ich träumte von einem Bett, von mütterlicher Liebkosung. Ich erwachte – und stand, die Füße im Schlamm. Andere brachen zusammen und schliefen liegend ein. Wieder andere schrien:

„Seid ihr verrückt geworden? Es hat geheißen: stehen bleiben. Wollt ihr uns ins Verderben schicken?"

Als ob nicht alles Verderben der Welt bereits auf uns lastete. Einer nach dem anderen kauerten wir uns in den Kot. Aber jeden Augenblick mußte man aufstehen, jedes Mal, wenn ein Kapo eintrat, um nachzusehen, ob nicht jemand ein Paar neue Stiefel anhabe, die er dann zurückforderte. Widerstand war sinnlos: Die Hiebe hagelten, und zum Schluß verlor man ohnehin seine Stiefel.

Ich selbst hatte neue Stiefel. Da sie aber von einer dicken Kotschicht überzogen waren, war es unbeachtet geblieben. So dankte ich Gott in einer Gelegenheitslobpreisung, daß er den Kot in seinem unendlichen, herrlichen Weltall geschaffen hatte.

Plötzliches Schweigen. Ein SS-Offizier trat ein und mit ihm der Hauch des Todesengels. Unsere Blicke hefteten sich an seine fleischigen Lippen. Er pflanzte sich mitten in der Baracke auf und bellte:

„Ihr befindet euch in einem Konzentrationslager. In Auschwitz . . ." Dann brach er ab, um den Eindruck seiner Worte in unseren Mienen zu beobachten. Sein Gesicht ist mir bis zum heutigen Tag im Gedächtnis geblieben. Ein hochgewachsener Mann in den Dreißigern, in dessen Stirn und Augen das Verbrechen geschrieben stand. Er musterte uns wie ein Rudel räudiger Hunde, die sich ans Leben klammern.

„Denkt immer daran", fuhr er fort. „Denkt daran und prägt es euch ein. Ihr seid in Auschwitz. Und Auschwitz ist kein Erholungsheim, sondern ein Konzentrationslager. Hier wird gearbeitet. Sonst geht ihr in den Schornstein. In die Gaskammer. Arbeiten oder Gaskammer – ihr habt die Wahl!"

Wir hatten diese Nacht überlebt und glaubten daher, daß uns nichts mehr schrecken könne. Aber seine dürren Worte ließen uns erschauern. Das Wort „Schornstein“ war kein leerer Wahn: er schwebte rauchumwölkt in der Luft. Vielleicht war das das einzige Wort, das hier Sinn hatte. Der Mann verließ die Baracke. Dann erschienen die Kapos und brüllten:

„Alle Fachleute – Schlosser, Schreiner, Elektriker, Uhrmacher – einen Schritt vor!“

Die anderen wurden in eine zweite, diesmal aus Stein gebaute Baracke geführt, wo sie sich unter der Aufsicht eines Zigeunerhäftlings setzen durften.

Mein Vater bekam plötzlich eine Kolik. Er stand auf, ging auf den Zigeuner zu und fragte ihn in höflichem Deutsch: „Verzeihen Sie . . . Können Sie mir sagen, wo hier die Toilette ist?“

Der Zigeuner musterte ihn lange von Kopf bis Fuß, als wolle er sich davon überzeugen, daß der Mensch, der ihn ansprach, ein Wesen aus Fleisch und Blut, ein lebendiges Geschöpf mit einem Leib und einem Bauch sei. Dann, wie plötzlich aus einem jähen Traum erwacht, versetzte er meinem Vater eine derartige Ohrfeige, daß dieser lang hinschlug und auf allen vieren wieder an seinen Platz kroch.

Ich war wie vor den Kopf geschlagen. Was war geschehen? Man hatte meinen Vater vor meinen eigenen Augen geschlagen, und ich hatte nicht mit der Wimper gezuckt. Ich hatte zugesehen und keinen Ton gesagt. Noch gestern hätte ich meine Nägel in das Fleisch dieses Halunken gegraben. Hatte ich mich so verändert? Und so rasch? Nun begann mich die Reue zu plagen. Ich dachte nur: dies werde ich ihnen nie verzeihen. Mein Vater erriet meine Gedanken und flüsterte mir ins Ohr: „Es tut nicht weh.“ Seine Wange war hochrot von dem Hieb.

„Alles raustreten!“

Etwa zehn Zigeuner gesellten sich zu unserem Wächter. Knüppel und Peitschen schlugen nach allen

Seiten aus. Meine Füße liefen ohne mein Zutun. Ich suchte hinter dem Rücken der anderen Schutz. Draußen schien die Frühlingssonne.

„In Fünferreihen antreten!"

Die Gefangenen, die ich am Morgen gesehen hatte, arbeiteten neben uns, ohne Aufseher, nur vom Schatten des Schornsteins bewacht . . . Von der Sonne und von meinen Träumen betäubt, fühlte ich, daß jemand mich am Ärmel zupfte. „Komm, mein Junge", sagte mein Vater.

Wir marschierten, Türen gingen auf und schlossen sich. Wir marschierten zwischen elektrischem Stacheldraht. Auf Schritt und Tritt ein weißes Schild mit einem schwarzen Totenkopf, der uns anstarrte. Eine Inschrift: „Vorsicht! Lebensgefahr!" Lächerlich: Gab es ein einziges Fleckchen, das nicht lebensgefährlich war?

Die Zigeuner blieben vor einer Baracke stehen und wurden von SS-Männern abgelöst, die uns umstellten. Pistolen, Maschinenpistolen, Polizeihunde.

Der Marsch hatte eine halbe Stunde gedauert. Ich stellte fest, daß der Stacheldraht und damit das Lager hinter uns lag. Wir waren im Freien.

Es war ein schöner Apriltag. Frühlingsduft hing in der Luft. Die Sonne sank im Westen.

Aber kaum waren wir einige Schritte marschiert, als wir den Drahtverhau eines neuen Lagers erblickten. Außerdem eine eiserne Tür mit der Aufschrift: „Arbeit ist Freiheit!"

Auschwitz.

Der erste Eindruck: besser als Birkenau. Statt Holzbaracken zweistöckige Betongebäude. Da und dort kleine Gartenanlagen. Man führte uns zu einem dieser „Blocks". Vor der Tür hieß es wieder: Warten. Wir kauerten uns auf den Erdboden. Von Zeit zu Zeit wurde einer hineingeführt. Es war die Dusche, eine Zwangsformalität beim Betreten irgendeines Lagers. Mochte man auch mehrmals von einem Lager zum anderen gehen, stets führte der Weg durch die Dusche.

Aus dem heißen Wasser kommend, schlotterten wir in der Nacht. Die Kleider hatten wir im Block zurücklassen müssen, wo man uns neue versprochen hatte.

Gegen Mitternacht hieß es plötzlich: laufen.

„Rascher", brüllten unsere Wächter. „Je rascher ihr lauft, desto früher könnt ihr schlafen."

Nach einigen Minuten wilden Rennens gelangten wir zu einem neuen Block, wo uns der Blockälteste, ein junger Pole, lächelnd erwartete. Er begann zu sprechen, und trotz unserer Müdigkeit hörten wir geduldig zu:

„Kameraden, ihr befindet euch im Konzentrationslager Auschwitz. Ein langer Leidensweg steht euch bevor. Laßt den Mut nicht sinken. Ihr seid bereits der größten Gefahr entronnen: der Auswahl. Sammelt alle Kraft und verliert nicht die Hoffnung. Wir werden alle den Tag der Befreiung erleben. Habt Vertrauen ins Leben, tausendmal Vertrauen. Verscheucht die Verzweiflung, damit verjagt ihr auch den Tod. Die Hölle dauert nicht ewig. Und nun eine Bitte, vielleicht eher einen Rat: Laßt Kameradschaft unter euch herrschen. Wir alle sind Brüder und haben das gleiche Los zu ertragen. Über uns schwebt derselbe Rauch. Helft euch untereinander. Das ist das einzige Mittel, um zu überleben. Nun ist's genug, Ihr seid müde. Hört zu: Ihr seid im Block 17 untergebracht, ich bin für die Ordnung verantwortlich, jeder kann mit einer Beanstandung zu mir kommen. Das ist alles. Nun geht schlafen. Immer zwei in einem Bett. Gute Nacht!"

Die ersten menschlichen Worte.

Kaum waren wir auf unsere Matratzenlager gekrochen, als schwerer Schlaf uns überfiel.

Am nächsten Morgen behandelten uns „die Alten" ohne Brutalität. Wir gingen zum Waschraum. Man verteilte neue Kleider unter uns und schenkte schwarzen Kaffee aus.

Gegen zehn Uhr verließen wir den Block, damit sauber gemacht werden konnte. Draußen wärmte uns die Sonne. Unsere Stimmung hatte sich gehoben. Wir fühlten die wohltuende Nachtruhe. Freunde trafen sich, man wechselte ein paar Worte. Man sprach von allem möglichen, nur nicht von denen, die verschwunden waren.

Die allgemeine Auffassung lautete: Der Krieg kann nicht mehr lange dauern.

Gegen Mittag brachte man uns Suppe, einen Teller dicke Suppe für jeden. Wiewohl von Hunger geplagt, rührte ich sie nicht an. Ich war noch immer das verwöhnte Kind von zu Hause. Mein Vater schlang meine Ration mit hinunter.

Im Schatten des Blocks legten wir uns zu einem Schlummerstündchen nieder. Der SS-Offizier der schmutzigen Baracke mußte gelogen haben: Auschwitz war wirklich ein Erholungsheim . . .

Nachmittags ließ man uns antreten. Drei Häftlinge trugen einen Tisch und ärztliche Instrumente herbei. Mit freigemachtem linkem Arm mußten wir am Tisch vorbeigehen. Die drei „Alten", Nadeln in der Hand, ritzten uns eine Nummer in den Unterarm. Ich bekam die Nummer A-7713 und hatte damit keinen Namen mehr.

Gegen Abend Appell. Die Arbeitskommandos waren heimgekehrt. An der Türe spielte die Musikkapelle Militärmärsche. Zehntausende von Häftlingen standen stramm, während die SS-Männer abzählen ließen.

Nach dem Appell zerstreuten sich die Gefangenen aller Blocks auf der Suche nach Freunden, Verwandten, Nachbarn, die alle mit dem letzten Transport angekommen sein mußten.

Die Tage vergingen. Morgens schwarzer Kaffee. Mittags Suppe. (Am dritten Tag verschlang ich bereits jede Suppe mit Heißhunger.) Sechs Uhr abends: Appell. Dann Brot und etwas dazu. Um neun Uhr: Nachtruhe.

Seit acht Tagen waren wir in Auschwitz. Es war abends, nach dem Appell. Wir warteten nur noch auf den Glockenton, der das Ende des Appells anzeigte.

Mit einemmal hörte ich jemanden durch die Reihen gehen und fragen:

„Wer von euch heißt Wiesel und ist aus Sighet?"

Der Suchende war ein bebrilltes Männchen mit einem gealterten, durchfurchten Gesicht. Mein Vater antwortete.

„Ich bin Wiesel aus Sighet."

Der kleine Mann musterte ihn lange aus engen Augenschlitzen:

„Sie erkennen mich nicht ... Sie kennen mich nicht wieder ... Ich bin Ihr Verwandter, Stein. Haben Sie mich schon vergessen? Stein! Stein aus Antwerpen. Reizels Mann. Ihre Frau war Reizels Tante. Sie schrieb uns oft ... und was für Briefe!"

Mein Vater hatte ihn nicht wiedererkannt. Er konnte ihn kaum gekannt haben, denn er steckte stets bis zum Hals in den Angelegenheiten der Gemeinde und fand daher kaum Zeit für Familiäres. Er war stets anderswo gewesen, in Pläne, in Gedanken versunken. (Einmal besuchte uns in Sighet eine Base. Zwei Wochen wohnte sie bei uns und saß an unserem Tisch, bis mein Vater ihre Anwesenheit bemerkte.) Nein, er konnte sich nicht an Stein erinnern. Ich erkannte ihn jedoch sofort wieder.

Ich hatte auch seine Frau Reizel vor ihrer Übersiedlung nach Belgien gekannt. Er sagte:

„Man hat mich im Jahre 1942 deportiert. Man hat mir gesagt, daß ein Transport aus eurer Gegend angekommen ist, daher habe ich dich gesucht. Ich dachte: Vielleicht habt ihr Nachrichten von Reizel und meinen beiden Jungens, die in Antwerpen geblieben sind ..."

Ich wußte nichts von ihrem Schicksal. Seit 1940 hatte meine Mutter nur noch einen Brief von ihnen erhalten. Ich log: „Ja, meine Mutter hat Nachrichten von euch. Reizel geht es gut. Den Kindern auch."

Er weinte vor Freude. Er wäre gerne noch lange geblieben, hätte gerne noch mehr erfahren, die guten Nachrichten hungrig eingesogen, aber ein SS-Mann kam auf uns zu, so daß er sich aus dem Staube machen mußte und nur noch zurückrufen konnte, er würde morgen wiederkommen.

Die Glocke kündigte an, daß man wegtreten könne. Wir holten also unser Nachtmahl, Brot und Margarine. Ich hatte furchtbaren Hunger und schlang meine Ration auf der Stelle hinunter. Mein Vater sagte:

„Iß nicht alles auf einmal. Morgen ist auch noch ein Tag . . ."

Da er sah, daß sein Rat zu spät gekommen und meine Ration aufgegessen war, griff er die seine nicht an:

„Ich habe keinen Hunger."

Drei Wochen blieben wir in Auschwitz, ohne etwas zu tun. Wir schliefen viel, nicht nur nachts, sondern auch nachmittags.

Unsere einzige Sorge war, eine Weiterreise vermeiden und so lange als möglich hier bleiben zu können. Das fiel nicht schwer: Es genügte, sich nirgends als Facharbeiter zu melden. Machenschaften bewahrte man sich bis zum Schluß auf.

Gegen Ende der dritten Woche setzte man unseren für zu menschlich befundenen Chef ab. Unser neuer Chef war ein Wüterich, seine Handlanger waren wahre Ungeheuer. Die schönen Tage waren vorüber. Wir begannen uns zu fragen, ob es nicht besser sei, uns für den nächsten Abtransport einteilen zu lassen.

Stein, unser Verwandter aus Antwerpen, besuchte uns weiterhin von Zeit zu Zeit und brachte jedesmal eine halbe Ration Brot mit:

„Hier, das ist für dich, Elieser."

Jedesmal liefen ihm die Tränen über die Wangen, wo sie hängenblieben und trockneten. Häufig sagte er zu meinem Vater:

„Paß auf deinen Jungen auf. Er ist schwach, ausgehöhlt. Sieh zu, daß er nicht ausgesondert wird. Eßt! Eßt zu jeder Zeit und was ihr auftreiben könnt. Wer schwach ist, macht es hier nicht lange mit . . ."

Dabei war er selbst so mager, so ausgehungert, so schwächlich . . .

„Das einzige, was mich am Leben hält“, pflegte er zu sagen, „ist, daß Reizel und meine Kleinen noch am Leben sind. Ohne diese Gewißheit würde ich nicht durchhalten.“

Eines Abends kam er strahlend angelaufen.

„Ein Transport aus Antwerpen ist eben angekommen. Morgen gehe ich hin. Sie werden bestimmt Nachrichten mitbringen ...“

Und fort war er.

Wir sollten ihn nicht wiedersehen. Er erhielt Neuigkeiten, *wahre* Neuigkeiten.

Abends versuchten wir, auf unseren Pritschen die eine oder andere chassidische Weise zu singen, und Akiba Drumer brach uns das Herz mit seiner tiefen, vollen Stimme.

Manch einer sprach von Gott und seinen geheimnisvollen Wegen, von den Sünden des jüdischen Volkes und von der künftigen Erlösung. Ich hatte zu beten aufgehört. Wie ich Hiob verstand! Ich leugnete zwar nicht Gottes Existenz, zweifelte aber an seiner unbedingten Gerechtigkeit.

Akiba Drumer sagte:

„Gott versucht uns. Er will sehen, ob wir imstande sind, die schlechten Triebe zu bezähmen, Satan in uns zu töten. Wir haben nicht das Recht zu verzweifeln. Und wenn er uns unbarmherzig straft, ist das ein Zeichen dafür, daß er uns um so mehr liebt ...“

Der in der Kabbala bewanderte Hersch Genud sprach vom Ende der Welt und vom Kommen des Messias.

Von Zeit zu Zeit freilich summte ein Gedanke in meinem Kopf: „Wo ist Mama in diesem Augenblick ... und Tsipora ...“

„Mama ist noch eine junge Frau“, sagte einmal mein Vater. „Sie wird in einem Arbeitslager sein. Und Tsipora, die doch schon ein großes Mädchen ist, wird auch in einem Lager sein ...“

Wie man daran glauben wollte! Man tat so. Ob der andere daran glaubte?

Alle Facharbeiter waren bereits in andere Lager überführt worden. Wir waren nurmehr etwa hundert einfache Handarbeiter.

„Heute kommt ihr dran", verkündete uns der Blocksekretär. „Ihr geht mit dem Transport."

Um zehn Uhr gab man uns die tägliche Brotration. Etwa zehn SS-Männer umringten uns. Am Tor wieder das Schild mit der Aufschrift: „Arbeit ist Freiheit". Abzählen. Und schon waren wir auf freiem Feld unterwegs. Am Himmel schwammen ein paar weiße Wölkchen.

Es ging langsam vorwärts. Die Wächter hatten keine Eile, und wir waren froh darüber. Beim Durchqueren von Dörfern blickten uns viele Deutsche ohne Verwunderung nach. Wahrscheinlich hatten sie schon viele derartige Kolonnen gesehen . . .

Unterwegs begegneten wir deutschen jungen Mädchen, die sich von den Aufsehern necken, umarmen, kitzeln ließen und hell auflachten. Alle lachten, scherzten und warfen sich eine Wegstrecke Koseworte zu. Während dieser Zeit hatten wir wenigstens weder Schläge noch Schimpfworte auszustehen.

Nach vierstündigem Marsch kamen wir wieder zu einem Lager: Buna. Ein eisernes Tor fiel hinter uns ins Schloß.

Das Lager schien eine Epidemie hinter sich zu haben, so leer und tot sah es aus. Nur einige gutgekleidete Häftlinge schlenderten zwischen den Blocks einher.

Natürlich ging es zuerst wieder unter die Dusche. Dort erschien der Lagerchef, ein kräftiger, gutgebauter Mann mit breiten Schultern, einem Stiernacken, dicken Lippen und Kraushaar. Er schien ein guter Mensch zu sein. Von Zeit zu Zeit leuchtete ein Lächeln in seinen blaugrauen Augen auf. In unserem Zug befanden sich einige Kinder von zehn und zwölf Jahren. Der Offizier nahm sich ihrer an und ließ für sie zu essen kommen.

Nachdem wir neue Kleider erhalten hatten, wurden wir in zwei Zelten untergebracht. Es hieß, wir müßten warten, bis wir in Arbeitskommandos eingeteilt würden, um dann in Blocks zu kommen.

Am Abend kamen die Arbeitskommandos von den Arbeitsplätzen zurück. Appell. Wir suchten nach Bekannten, erkundigten uns bei den Alten, welches Arbeitskommando das beste sei, in welchen Block man eingeteilt werden müsse. Alle Häftlinge erklärten einstimmig:

„Buna ist ein sehr gutes Lager. Hier hält man es aus. Wichtig ist nur, nicht ins Baukommando eingeteilt zu werden . . ."

Als ob die Wahl in unseren Händen gelegen hätte.

Unser Zeltwart war ein Deutscher mit einem Mördergesicht, mit fleischigen Lippen und Händen wie Wolfspfoten. Die Lagerkost schien ihm zu bekommen, denn er konnte sich kaum regen. Wie der Lagerchef liebte er Kinder. Gleich nach unserer Ankunft ließ er Brot für sie kommen, Suppe und Margarine. (In Wahrheit war diese Zuneigung berechnet, denn die kleinen Jungen wurden unter den Homosexuellen des Lagers als Genußobjekte verschachert, wie ich später erfuhr.) Er verkündete:

„Ihr bleibt drei Tage bei mir in Quarantäne. Dann werdet ihr arbeiten. Morgen ist ärztliche Untersuchung."

Einer seiner Helfer, ein Junge mit rohem Spitzbubengesicht, kam auf mich zu:

„Willst du zu einem guten Kommando?"

„Gewiß. Aber unter einer Bedingung: daß mein Vater bei mir bleibt . . ." „Einverstanden", sagte er. „Das kann ich schaukeln. Für eine Kleinigkeit: deine Schuhe. Du kriegst dafür andere." Ich lehnte ab, die Stiefel waren alles, was mir übriggeblieben war.

„Ich gebe dir noch eine Ration Brot mit einem Stück Margarine dazu . . ."

Die Stiefel gefielen ihm, aber ich trat sie ihm nicht ab. (Später hat man mir sie ohnehin weggenommen. Freilich ohne Gegengabe.)

Am nächsten Morgen fand in aller Frühe die Untersuchung im Freien vor drei auf einer Bank sitzenden Ärzten statt.

Der erste faßte mich gar nicht an und fragte nur:

„Geht dir's gut?"

Wer hätte das Gegenteil zu sagen gewagt?

Der Zahnarzt hingegen schien gewissenhafter: Man mußte den Mund weit aufmachen. Tatsächlich suchte er nicht nach schlechten Zähnen, sondern nach Goldplomben. Wer Gold im Mund hatte, wurde in eine Liste eingetragen. Ich selbst hatte eine Krone.

Die ersten drei Tage verliefen rasch. Am vierten Tag, als wir frühmorgens vor dem Zelt standen, erschienen Kapos, von denen ein jeder sich die Leute aussuchte, die ihm gefielen:

„Du ... du ... und du ..." Er deutete auf uns, wie man auf eine Ware, auf ein Tier deutet.

Wir folgten unserem Kapo, einem jungen Menschen. Am Eingang zum ersten Block neben dem Lagertor ließ er anhalten. Das war der Block der Musikkapelle. „Hinein!" befahl er. Wir waren verwundert: was hatten wir mit den Musikern zu schaffen?

Der Bläserchor spielte einen Militärmarsch, immer denselben. Dutzende von Kommandos zogen im Gleichschritt zu den Arbeitsplätzen, während die Kapos im Takt riefen: „Links, rechts, links, rechts."

SS-Offiziere, Papier und Bleistift in der Hand, notierten die Anzahl der ausziehenden Männer. Der Spielmannszug spielte denselben Marsch bis zum Abmarsch des letzten Kommandos. Nun ließ der Musikmeister den Taktstock sinken. Das Spiel brach ab, und der Kapo brüllte: „Antreten!"

Wir traten mit der Kapelle in Fünferreihen an und marschierten, zwar ohne Musik, aber im Gleichschritt, zum Lager hinaus, noch immer hallte der Marsch in unseren Ohren nach.

„Links, rechts! Links, rechts!"

Wir begannen ein Gespräch mit den Musikern, die fast alle Juden waren. So der Pole Juliek mit einer Brille auf der Nase und einem zynischen Lächeln auf seinem blassen Gesicht. So der aus Holland stammende Louis, ein bekannter Geiger, der darüber klagte, daß man ihn nicht Beethoven spielen ließ: Die Juden hatten kein Recht, deutsche Musik zu spielen. Hans, ein geistvoller junger Berliner. Auch der Musikmeister war Pole: Franek, ein ehemaliger Student aus Warschau.

Juliek erklärte:

„Wir arbeiten in einem Elektro-Lager, nicht weit von hier. Die Arbeit ist weder schwer noch gefährlich. Nur hat Idek, der Kapo, von Zeit zu Zeit Wahnsinnsanfälle, und dann empfiehlt es sich, weit vom Schuß zu sein."

„Du hast Glück, Kleiner", meinte Hans lächelnd. „Du bist in ein gutes Kommando geraten . . ."

Zehn Minuten später standen wir vor dem Depot. Ein deutscher Zivilbeamter, der Meister, kam uns entgegen, schenkte jedoch keinem von uns mehr Aufmerksamkeit als einem Bündel Lumpen.

Unsere Kameraden hatten recht: Die Arbeit war nicht schwierig. Auf der Erde kauernd, mußte man Bolzen, Ampullen und kleine Elektro-Ersatzteile zählen. Weitschweifig erklärte uns der Kapo die große Wichtigkeit dieser Arbeit und warnte uns, daß jeder, der faul wäre, es mit ihm zu tun bekommen würde. Meine neuen Kameraden beruhigten mich.

„Hab keine Angst. Er sagt das nur wegen des Meisters."

Es waren auch zahlreiche Polen und einige Französinnen da, die den Musikern zunickten.

Franek, der Werkführer, wies mir eine Ecke an:

„Bring dich nicht um und laß alles ruhig angehen. Paß nur auf, daß dich kein SS-Mann erwischt."

„Ich möchte aber bei meinem Vater bleiben, Herr Werkführer."

„Na schön. Dann arbeitet dein Vater eben neben dir."

Wir hatten Glück.

Zwei Jungens wurden unserer Gruppe zugeteilt: Jossi und Tibi, zwei Brüder aus der Tschechei, deren

Eltern in Birkenau vergast worden waren. Sie waren ein Herz und eine Seele.

Bald wurden sie unsere Freunde. Da sie einst einer zionistischen Jugendorganisation angehört hatten, kannten sie zahlreiche hebräische Lieder. Es kam daher oft vor, daß wir leise Lieder vor uns hinträllerten, in denen wir die stillen Wasser des Jordans und die erhabene Heiligkeit Jerusalems beschworen. Wir sprachen auch oft von Palästina. Ihre Eltern hatten nicht den Mut gefunden, alles aufzulösen und auszuwandern, als es noch Zeit war. So beschlossen wir, daß wir keinen Tag in Europa bleiben würden, sofern es uns gewährt sei, den Tag der Freiheit zu erleben. Mit dem ersten Schiff würden wir nach Haifa fahren.

In seinen kabbalistischen Träumereien versunken, hatte Akiba Drumer einen Bibelvers entdeckt, dessen in Zahlen übersetzter Wortlaut ihm gestattete, die Befreiung für die kommenden Wochen vorauszusagen.

Inzwischen hatten wir die Zelte mit dem Block der Musiker vertauscht. Hier stand uns eine Decke, ein Waschbecken und ein Stück Seife zu. Der Blockälteste war ein deutscher Jude.

Es war gut, einen Juden als Aufseher zu haben. Er hieß Alfons, ein junger Mann mit einem verblüffend alten Gesicht, der ganz im Dienst „seines" Blocks aufging. So oft er konnte, trieb er einen zusätzlichen Topf Suppe auf für die Halbwüchsigen, die Schwachen, für all die, die mehr von einem zweiten Napf Suppe als von der Freiheit träumten.

Eines Tages, nach der Rückkehr vom Elektrodepot, rief mich der Blocksekretär:

„A-7713?"

„Hier."

„Nach dem Essen gehst du zum Zahnarzt."

„Aber . . . ich habe doch keine Zahnschmerzen . . ."

„Nach dem Essen! Vergiß es nicht!"

Ich ging ins Lazarett. Etwa zwanzig Häftlinge warteten in einer Schlange vor der Tür. Es dauerte nicht lange, bis wir den Grund unserer Einberufung erfuhren: Die Goldkronen sollten gezogen werden.

Der Zahnarzt, ein aus der Tschechei gebürtiger Jude, hatte ein Gesicht, das einer Totenmaske ähnelte. Wenn er den Mund aufmachte, sah man nur gelbe, verfaulte Zähne. Im Stuhl sitzend, fragte ich bescheiden:

„Was werden Sie machen, Herr Doktor?"

„Die Goldkrone extrahieren, nicht mehr", sagte er gleichgültig.

Ich stellte mich unwohl:

„Könnten Sie nicht ein paar Tage warten, Herr Doktor? Mir ist nicht gut, ich habe Fieber ..."

Er runzelte die Stirn, dachte einen Augenblick nach und fühlte meinen Puls.

„Na schön, Kleiner. Wenn dir's besser geht, komme wieder her. Aber warte nicht, bis ich dich rufe!"

Eine Woche später ging ich wieder hin. Mit der gleichen Entschuldigung: Ich war immer noch nicht wiederhergestellt. Er schien nicht verwundert, und ich weiß nicht, ob er mir glaubte. Vermutlich war er befriedigt, daß ich meinem Versprechen gemäß gekommen war. Wieder räumte er mir einen Aufschub ein.

Einige Tage nach meinem Besuch schloß man die Praxis des Zahnarztes, der ins Gefängnis wanderte. Er sollte gehängt werden, weil sich herausgestellt hatte, daß er mit den Goldzähnen der Inhaftierten auf eigene Rechnung Schmuggelhandel trieb. Ich empfand keinerlei Mitleid mit ihm. Ich frohlockte sogar über sein Schicksal: Auf diese Weise rettete ich meine Goldkrone. Eines Tages konnte sie mir vielleicht dazu dienen, etwas Lebensnotwendiges zu kaufen, Brot, ja das Leben. Mein ganzes Streben zielte nur noch auf meinen täglichen Teller Suppe, auf meinen Kanten altbackenes Brot hin. Brot, Suppe – das war mein Leben, nicht mehr. Ich war nur noch ein Körper. Vielleicht noch weniger: ein hungriger Magen. Nur der Magen fühlte die Zeit verstreichen.

Oft arbeitete ich im Depot neben einer jungen Französin. Wir sprachen nicht, denn sie verstand kein Deutsch und ich kein Französisch.

Sie schien Jüdin zu sein, obgleich sie für eine „Arierin“ galt. Sie war hierher zwangsdeportiert worden.

Eines Tages, als Idek sich gehen ließ, stand ich ihm im Weg. Wie ein wildes Tier warf er sich auf mich und schlug mich auf die Brust, auf den Kopf, stieß mich zurück, riß mich wieder an sich und ließ Hiebe auf mich hageln, bis ich blutüberströmt dastand. Da ich mir auf die Lippen biß, um nicht vor Schmerz aufzuheulen, hielt er wohl mein Schweigen für Verachtung und schlug immer wütender auf mich ein.

Plötzlich beruhigte er sich und schickte mich an meine Arbeit zurück, als sei nichts geschehen, als hätten wir ein Spiel mit gleichen Rollen zusammen gespielt.

So schleppte ich mich in meine Ecke. Mein ganzer Körper schmerzte. Plötzlich fühlte ich eine kühle Hand meine blutende Stirn abwischen. Es war die französische Zwangsarbeiterin. Sie lächelte mir trauervoll zu und schob mir ein Stück Brot in die Hand, dabei blickte sie mir gerade in die Augen. Ich fühlte, daß sie sprechen wollte, aber die Angst schnürte ihr die Kehle zu. Lange verharrte sie so, dann hellten sich ihre Züge auf, und sie sagte in fast richtigem Deutsch:

„Beiß dir auf die Lippen, Brüderchen . . . Weine nicht. Bewahr dir deinen Zorn und deinen Haß für einen anderen Tag, für später auf. Es kommt ein Tag, aber noch nicht gleich . . . Warte, beiß auf die Zähne und warte . . .“

Jahre später, in Paris, fuhr ich zeitunglesend in der Métro. Mir gegenüber saß eine schöne Frau mit schwarzen Haaren und träumerischen Augen, Augen, die ich schon irgendwo gesehen hatte. Das war sie.

„Erkennen Sie mich nicht, gnädige Frau?“

„Ich kenne Sie nicht, mein Herr.“

„1944 waren Sie doch in Deutschland, in Buna, oder nicht?“

„Gewiß . . .“

„Sie arbeiteten im Elektro-Depot . . .“

„Gewiß“, sagte sie verwirrt. Und nach einem kurzen Schweigen:

„Warten Sie ... ich erinnere mich ...“

„Idek, der Kapo ... der kleine Judenjunge ... Ihre sanften Worte ...“

Wir stiegen zusammen aus und setzten uns in ein Terrassencafé. Den ganzen Abend verbrachten wir mit unseren Erinnerungen. Bevor ich sie verließ, fragte ich sie:

„Darf ich eine Frage an Sie stellen?“

„Bitte! Ich weiß, welche.“

„Welche?“

„Ob ich Jüdin bin? ... Ja, ich bin Jüdin aus einer orthodoxen Familie. Ich hatte mir während der Besatzung falsche Papiere besorgt, um als Arierin durchzugehen. Auf diese Weise wurde ich zur Zwangsarbeit eingeteilt und entging bei der Deportation nach Deutschland dem Konzentrationslager. Im Depot wußte niemand, daß ich deutsch sprach: Das hätte nur Argwohn erregt. Die wenigen Worte, die ich zu Ihnen sagte, waren unbedacht. Aber ich wußte, daß Sie mich nicht verraten würden ...“

Ein anderes Mal hieß es, unter der Aufsicht deutscher Soldaten Dieselmotoren aufladen. Idek bebte vor Wut und beherrschte sich nur mit großer Mühe. Plötzlich platzte er heraus, das Opfer war mein Vater.

„Alter Faulpelz“, schrie er. „Das nennst du arbeiten?“

Und hieb mit einem Eisenstab auf ihn ein. Zuerst duckte sich mein Vater unter den Schlägen, dann brach er wie ein vom Blitz getroffener, ausgedörrter Baum zusammen.

Ich hatte dem Auftritt beigewohnt, ohne mit der Wimper zu zucken. Ich schwieg, vielmehr hielt ich es für richtig, mich zu entfernen, um nicht auch Hiebe abzubekommen. Ja noch mehr: Wenn ich in diesem Augenblick Zorn verspürte, richtete er sich nicht gegen den Kapo, sondern gegen meinen Vater. Ich nahm es ihm übel, daß er den Vorfall mit dem Kapo nicht zu verhindern gewußt hatte. Soweit hatte das Leben im Konzentrationslager mich schon gebracht ...

Eines Tages bemerkte der Werkmeister Franek, daß ich eine Goldkrone im Mund hatte.

„Kleiner, gib mir deine Krone."

Ich antwortete, das sei unmöglich, denn ohne die Krone könnte ich nicht essen.

„Für das, was man dir zu essen gibt, Kleiner!"

Ich fand eine andere Ausrede: Man hatte meine Krone bei der ärztlichen Untersuchung aufnotiert, das konnte uns beiden Unannehmlichkeiten einbringen.

„Wenn du mir nicht deine Krone gibst, kann es dich viel teurer zu stehen kommen!"

Dieser sympathische, kluge Junge war plötzlich nicht mehr derselbe. Seine Augen blitzten neidisch. Ich sagte ihm, ich müsse meinen Vater um Rat bitten.

„Frage deinen Vater, Kleiner. Aber morgen will ich eine Antwort haben!"

Als ich meinen Vater fragte, erblaßte er, schwieg eine Weile und sagte:

„Nein, mein Sohn, das können wir nicht machen."

„Er wird sich rächen!"

„Er wird's nicht wagen!"

Leider wußte er, wie er vorgehen mußte, denn er kannte meine Schwäche. Mein Vater hatte nie Militärdienst geleistet und marschierte daher nie im Gleichschritt. Nun wurde im Lager nur im Gleichschritt marschiert, und das gab Franek die Gelegenheit, ihn zu quälen und ihn jeden Tag mit Stockschlägen zuzurichten. Links, rechts: Fausthiebe! Links, rechts: Ohrfeigen!

Ich beschloß daher, meinem Vater Unterricht im Gleichschritt und Schrittwechsel zu geben, ein Training, das vor unserem Block stattfand. Ich kommandierte: „Links, rechts!", und mein Vater tat sein Bestes. Schon machten sich die Inhaftierten über uns lustig: „Schaut nur den kleinen General an, der dem Alten das Gehen beibringt. Heda, kleiner General, wieviel Rationen Brot gibt dir dein Alter dafür?"

Aber die Fortschritte meines Vaters waren ungenügend, so daß die Schläge weiter auf ihn niederprasselten.

„Du weißt also nicht, wie man im Gleichschritt marschiert, alter Faulpelz?"

Diese Szenen wiederholten sich zwei Wochen lang. Wir konnten nicht mehr, wir mußten klein beigeben. An diesem Tag platzte Franek wild lachend heraus:

„Ich wußte es, Kleiner, ich wußte sehr genau, daß ich dich kleinkriegen würde. Lieber spät als nie. Und weil du mich hast warten lassen, kostet das dich noch eine weitere Ration Brot. Eine Ration Brot für einen meiner Kumpels, einen berühmten Warschauer Zahnarzt. Dafür, daß er dir die Krone herausnimmt."

„Wie? Meine Brotration dafür, daß du *meine* Krone kriegst?"

Franek lächelte.

„Oder willst du lieber, daß ich dir die Zähne einschlage?"

Am selben Abend brach der Warschauer Zahnarzt mir auf dem Abort meine Krone mit Hilfe eines verrosteten Löffels heraus.

Franek wurde freundlicher, von Zeit zu Zeit gab er mir sogar einen zweiten Schlag Suppe. Aber das hielt nicht lange an. Vierzehn Tage später wurden die Polen in ein anderes Lager versetzt. Somit hatte ich meine Krone umsonst eingebüßt.

Einige Tage nach der Versetzung der Polen machte ich eine neue Erfahrung.

Es war an einem Sonntagmorgen. Unser Kommando brauchte an diesem Tag nicht zu arbeiten. Aber gerade Idek wollte davon nichts wissen, wir mußten unbedingt ins Depot marschieren. Diese plötzliche Arbeitswut verblüffte uns. Dort übergab er uns Franek und sagte:

„Macht, was ihr wollt. Aber tut was. Sonst bekommt ihr's mit mir zu tun . . ."

Damit verschwand er.

Wir wußten nicht, was wir tun sollten. Müde vom Herumhocken, schlenderte jeder für sich im Depot umher, auf der Suche nach einem Stückchen Brot, das ein Zivilbeamter vielleicht zurückgelassen hatte.

Am Ende des Gebäudes angekommen, hörte ich

aus einem kleinen Nebenraum ein Geräusch. Ich trat näher und sah auf einem Strohsack Idek und eine junge Polin in halbnackter Umarmung. Jetzt begriff ich, warum Idek sich geweigert hatte, uns im Lager zu lassen. Nur um mit einem Mädchen zu schlafen, mußten hundert Gefangene herumbugsiert werden. Das kam mir so komisch vor, daß ich laut herauslachte.

Idek fuhr auf, drehte sich um und sah mich, während das Mädchen seine Brüste zu verdecken suchte. Ich wollte fliehen, aber meine Beine klebten am Boden. Idek packte mich an der Kehle. Dumpf knurrte er:

„Ich werd dich lehren, mein Bürschchen, deinen Arbeitsplatz zu verlassen! Das wirst du büßen ... Und nun geh an deinen Platz zurück und zwar dalli ..."

Eine halbe Stunde vor dem normalen Arbeitsschluß ließ der Kapo das ganze Kommando antreten. Niemand begriff, worum es ging. Appell zu dieser Stunde? Ich wußte es. Der Kapo hielt eine kurze Ansprache:

„Ein einfacher Gefangener hat nicht das Recht, sich in die Angelegenheiten anderer zu mischen. Einer von euch scheint das nicht begriffen zu haben. Ich werde daher versuchen, es ihm ein für allemal beizubringen."

Ich fühlte, wie der Schweiß mir den Rücken herunterlief.

„A-7713!"

Ich trat vor.

„Eine Kiste!" befahl er.

Man brachte eine Kiste.

„Leg dich darauf! Auf den Bauch!"

Ich gehorchte.

Dann fühlte ich nur noch Peitschenhiebe.

„Eins! Zwei!" ... zählte er.

Er nahm sich Zeit. Nur die ersten Hiebe taten mir weh. Ich hörte ihn zählen:

„Zehn – elf!"

Seine Stimme war ruhig und erreichte mich wie durch eine dicke Mauer.

„Dreiundzwanzig . . ."

Noch zwei, dachte ich unbewußt. Der Kapo wartete.

„Vierundzwanzig . . . fünfundzwanzig!"

Die Strafe war zu Ende.

Ich hatte es allerdings nicht gemerkt, ich war bewußtlos geworden. Unter einem kalten Wasserstrahl kam ich langsam zu mir. Noch immer lag ich auf der Kiste. Ich sah nur unbestimmt die feuchte Erde neben mir. Dann hörte ich jemanden schreien. Das mußte der Kapo sein. Ich begann zu unterscheiden, was er brüllte:

„Aufstehen!"

Wahrscheinlich versuchte ich, aufzustehen, denn ich fühlte mich auf die Kiste zurückfallen. Wie gerne wäre ich aufgestanden!

Hätte ich antworten können, ich hätte ihm gesagt, daß ich mich nicht bewegen konnte. Aber ich brachte die Lippen nicht auseinander.

Auf Befehl Ideks hoben mich zwei Häftlinge auf und führten mich vor ihn.

„Schau mir ins Gesicht!"

Ich blickte ihn an, ohne ihn zu sehen. Ich dachte an meinen Vater. Sicherlich litt er mehr als ich.

„Hör zu, Schweinehund!" sagte Idek kalt. „Das hast du für deine Neugier. Du kriegst fünfmal soviel, wenn du den Mund aufmachst! Verstanden?"

Ich nickte, einmal, zehnmal, ich nickte ununterbrochen, als sei mein Kopf entschlossen, ja zu sagen, ohne jemals wieder aufzuhören.

Eines Sonntags, während die Hälfte von uns, darunter mein Vater, bei der Arbeit war, schliefen die andern, darunter ich, bis in den Morgen hinein.

Gegen zehn Uhr ertönte die Alarmsirene. Die Blockchefs sammelten uns in den Blocks, während die SS-Männer in die Bunker flüchteten. Da es verhältnismäßig leicht war, während des Luftalarms auszukneifen – die Aufseher verließen ihre Wachtürme und der Starkstrom wurde im Stacheldraht ausgeschaltet –

hatte die SS Befehl erhalten, jeden zu erschießen, der außerhalb der Blocks angetroffen wurde.

In wenigen Augenblicken glich das Lager einem verlassenen Schiff. Keine Menschenseele war in den Verbindungswegen zu sehen. Vor der Küche waren zwei halbvolle Kessel mit heißer dampfender Suppe ohne Bewachung stehengelassen worden. Welcher Festschmaus, welche Versuchung! Hunderte von Augen schielten gierig hinüber, Hunderte von Wolfsaugen, die zwei Lämmer, zwei hirtenlose Lämmer bespähten. Aber wer würde es wagen?

Der Schrecken war größer als der Hunger. Plötzlich sahen wir die Türe von Block 37 unauffällig aufgehen. Ein Mann erschien und kroch wie ein Wurm in Richtung auf die Kessel zu.

Hunderte von Augen folgten seinen Bewegungen. Hunderte von Männern krochen in Gedanken mit ihm und rissen sich mit ihm die Hände und Knie im Kies wund. Alle Herzen zitterten, vor allem aber aus Neid. Denn er hatte es gewagt.

Er berührte den ersten Kessel, die Herzen bebten noch stärker: Ihm war es geglückt. Der Neid verzehrte uns, verbrannte uns wie Stroh. Nicht einen Augenblick dachten wir daran, ihn zu bewundern. Armer Held, der nur wegen einer Ration Suppe dem Selbstmord entgegenkroch, wir mordeten ihn in Gedanken.

Neben dem Kessel auf dem Boden liegend, versuchte er sich inzwischen zum Rand hochzuschieben. Sei es aus Schwäche, sei es aus Furcht, kauerte er dort und raffte fraglos seine letzten Kräfte zusammen. Endlich gelang es ihm, sich bis zum Rand des Behälters hochzuhieven. Einen Augenblick schien er in der Suppe sein gespenstisches Spiegelbild zu suchen. Dann stieß er ohne offensichtlichen Grund einen schrecklichen Schrei aus, ein Röcheln, das ich noch nie von einem Lebenden vernommen hatte, und warf den Kopf mit dem weitgeöffneten Mund in das noch dampfende Naß. Bei der Detonation zuckten wir zusammen. Auf die Erde zurücksinkend, das Gesicht von Suppe verschmiert, krümmte der Mann sich einige Sekunden am Fuß des Kessels, dann rührte er sich nicht mehr.

Jetzt begannen wir das Geräusch von Flugzeugmotoren zu vernehmen. Und im selben Augenblick erbebten die Baracken.

„Buna wird bombardiert!" schrie einer.

Ich dachte an meinen Vater. Trotzdem war ich froh. Welche Rache, wenn das Werk in Schutt und Asche aufgehen würde! Wohl hatte man von den Niederlagen der deutschen Truppen an den verschiedenen Fronten gehört, wußte jedoch nicht, ob man daran glauben durfte. Heute erlebten wir einen greifbaren Beweis!

Keiner von uns hatte Angst. Gleichwohl hätte ein einziger Treffer Hunderte von Häftlingen getötet. Wir fürchteten jedoch den Tod nicht mehr, jedenfalls nicht diesen Tod. Jede Bombe, die fiel, gab uns neues Vertrauen ins Leben.

Die Bombardierung hielt mehr als eine Stunde an. Hätte sie doch zehnmal zehn Stunden gedauert ... Dann wurde es wieder still. Das letzte Geräusch von Flugzeugmotoren verschwand mit dem Wind, und wir waren wieder in unserem Friedhof. Am Horizont stiegen dichte Rauchschwaden in die Luft. Von neuem heulten die Sirenen. Entwarnung.

Alles lief aus den Blocks. Gierig sog man die feuer- und rauchgeschwängerte Luft ein, alle Augen glänzten hoffnungsfreudig. Eine Bombe war mitten im Lager, in der Nähe des Appellplatzes niedergegangen, aber nicht explodiert. Wir mußten sie aus der Umzäunung zerren.

Der Lagerchef machte in Begleitung seines Adjutanten und des Oberkapos einen Inspektionsgang durch die Lagerstraßen. Der Bombenangriff hatte auf seinem Gesicht Spuren tiefer Angst hinterlassen.

Mitten auf dem Platz lag als einziges Opfer der Leichnam des suppenverschmierten Mannes. Die Kessel wurden in die Küche zurückgeschleppt.

Die SS-Männer bezogen wieder ihre Posten auf den Türmchen hinter ihren Maschinengewehren. Das Zwischenspiel war beendet.

Nach einer Stunde sah man die Kommandos wie üblich im Gleichschritt zurückkommen. Froh erkannte ich meinen Vater.

„Mehrere Gebäude sind vernichtet worden", erzählte er, „aber das Depot hat nicht gelitten . . ."

Nachmittags räumten wir fleißig die Trümmer fort.

Eine Woche später sahen wir beim Heimkehren von der Arbeit auf dem Appellplatz, mitten im Lager, einen Galgen aufragen.

Wir erfuhren, daß die Suppe erst nach dem Antreten verteilt werden würde, was länger als gewöhnlich dauerte. Die Befehle wurden trockener, barscher gegeben als sonst, etwas Sonderbares, Befremdliches lag in der Luft.

„Mützen ab!" brüllte plötzlich der Lagerchef.

Zehntausend Mützen wurden auf einmal abgenommen.

„Mützen auf!"

Zehntausend Mützen wurden blitzschnell aufgesetzt.

Die Lagertür öffnete sich. Eine Abteilung SS erschien und umstellte uns: ein SS-Mann alle drei Schritt. Die Maschinengewehre der Türme zielten auf den Platz.

„Sie fürchten Unruhen!" murmelte Juliek. Zwei SS-Männer gingen auf das Gefängnis zu. Den Verurteilten in der Mitte führend, kehrten sie zurück. Es war ein junger Warschauer, der drei Jahre Konzentrationslager hinter sich hatte, ein kräftiger, gutgewachsener Junge, ein Hüne im Vergleich zu mir.

Mit dem Rücken gegen den Galgen, das blasse Gesicht auf seinen Richter gerichtet, schien er eher bewegt als erschrocken. Seine gefesselten Hände zitterten nicht. Kalt musterten seine Augen die Hunderte von SS-Männern, die Tausende von Gefangenen, die ihn umgaben.

Der Lagerchef verlas das Urteil und betonte dabei jeden Satz.

„Im Namen Himmlers . . . Der Häftling Nr. . . . hat

während des Fliegeralarms gestohlen ... Laut Gesetz ... Paragraph ... ist der Häftling Nr. ... zum Tode verurteilt. Das soll ihren Gefangenen als Warnung und Beispiel dienen."

Kein Mensch rührte sich.

Ich hörte mein Herz klopfen. Die Tausenden von Menschen, die täglich in Auschwitz und Birkenau in den Gaskammern starben, hatten aufgehört, mich zu verwirren. Aber dieser, der an seinem Todesgalgen lehnte, erschütterte mich.

„Wird's bald? Ich habe Hunger ...", tuschelte Juliek.

Auf ein Zeichen des Lagerchefs trat der Lagerkapo auf den Verurteilten zu. Zwei Gefangene halfen ihm bei seiner Aufgabe. Für zwei Teller Suppe.

Der Kapo wollte die Augen des Todeskandidaten verbinden, aber dieser wehrte ab.

Nach langem Warten legte ihm der Henker den Strick um den Hals. Er wollte seinen Handlangern gerade ein Zeichen geben, den Stuhl unter den Füßen des Verurteilten wegzuziehen, als dieser mit starker, ruhiger Stimme rief:

„Es lebe die Freiheit! Ich verfluche Deutschland! Ich verfluche, ich verfl ..."

Die Henker hatten ihre Arbeit vollendet.

Messerscharf durchdrang ein Befehl die Luft:

„Mützen ab!"

Zehntausend Häftlinge ehrten den Toten.

„Mützen auf!"

Dann mußte das ganze Lager, Block für Block, an dem Erhängten vorbeiziehen und die toten Augen und die hängende Zunge des Toten ansehen. Kapos und Blockchefs zwangen einen jeden, dem Erhängten gerade ins Gesicht zu blicken.

Nach dem Vorbeizug erhielten wir die Erlaubnis, in den Blocks die Abendsuppe zu löffeln.

Ich erinnere mich, daß ich die Suppe an diesem Abend ausgezeichnet fand.

Ich habe in der Folge mehreren Erhängungen beigewohnt. Nie habe ich einen der Verurteilten weinen sehen, denn ihre ausgemergelten Körper hatten seit langem den bitteren Trost der Tränen vergessen.

Mit Ausnahme einer Vollstreckung. Der Oberkapo des 52. Kabelkommandos war ein Holländer: ein über zwei Meter hoher Riese. Siebenhundert Häftlinge arbeiteten unter seinem Befehl, und alle liebten ihn wie einen Bruder. Nie hatte einer eine Ohrfeige von seiner Hand bekommen, nie einen Fluch aus seinem Munde gehört.

Er hatte im Dienst einen jungen Burschen bei sich, einen Pipel, wie man ihn nannte, ein Kind mit feingezeichneten, schönen Gesichtszügen, das nicht in unser Lager paßte.

(In Buna haßte man die Pipel: Dort erwiesen sie sich oft grausamer als die Erwachsenen. Ich habe einmal einen Dreizehnjährigen seinen Vater schlagen sehen, weil dieser sein Bett nicht gut gemacht hatte. Da der Alte sanft weinte, schrie der Junge: „Wenn du nicht sofort aufhörst zu heulen, bring ich dir kein Brot mehr. Verstanden?" Der kleine Diener des Holländers wurde jedoch von allen geliebt. Er hatte das Gesicht eines unglücklichen Engels.)

Eines Tages flog die Elektrozentrale von Buna in die Luft. An Ort und Stelle gerufen, schloß die Gestapo auf Sabotage. Man fand eine Fährte, die in den Block des holländischen Oberkapos führte. Dort entdeckte man nach einer Untersuchung eine bedeutende Menge Waffen.

Der Oberkapo wurde auf der Stelle festgenommen. Wochenlang wurde er gefoltert. Umsonst. Er gab keinen Namen preis, wurde nach Auschwitz überführt und war fortan verschollen.

Aber sein Pipel blieb im Lager, im Kerker. Gleichfalls gefoltert, blieb auch er stumm. Die SS verurteilte ihn daher zusammen mit zwei anderen Häftlingen, bei denen Waffen gefunden worden waren, zum Tode.

Als wir eines Tages von der Arbeit zurückkamen, sahen wir auf dem Appellplatz drei Galgen. Antreten. Ringsum die SS mit drohenden Maschinenpistolen, die übliche Zeremonie. Drei gefesselte Todeskandidaten, darunter der kleine Pipel, der Engel mit den traurigen Augen.

Die SS schien besorgter, beunruhigter als gewöhnlich. Ein Kind vor Tausenden von Zuschauern zu hängen, war keine Kleinigkeit. Der Lagerchef verlas das Urteil. Alle Augen waren auf das Kind gerichtet. Es war aschfahl, aber fast ruhig und biß sich auf die Lippen. Der Schatten des Galgens bedeckte es ganz.

Diesmal weigerte sich der Lagerkapo, als Henker zu dienen. Drei SS-Männer traten an seine Stelle.

Die drei Verurteilten stiegen zusammen auf ihre Stühle. Drei Hälse wurden zu gleicher Zeit in die Schlinge eingeführt.

„Es lebe die Freiheit!" riefen die beiden Erwachsenen.

Das Kind schwieg.

„Wo ist Gott, wo ist er?" fragte jemand hinter mir.

Auf ein Zeichen des Lagerchefs kippten die Stühle um. Absolutes Schweigen herrschte im ganzen Lager. Am Horizont ging die Sonne unter.

„Mützen ab!" brüllte der Lagerchef. Seine Stimme klang heiser. Wir weinten.

„Mützen auf!"

Dann begann der Vorbeimarsch. Die beiden Erwachsenen lebten nicht mehr. Ihre geschwollenen Zungen hingen bläulich heraus. Aber der dritte Strick hing nicht reglos: der leichte Knabe lebte noch ...

Mehr als eine halbe Stunde hing er so und kämpfte vor unseren Augen zwischen Leben und Sterben seinen Todeskampf. Und wir mußten ihm ins Gesicht sehen. Er lebte noch, als ich an ihm vorüberschritt. Seine Zunge war noch rot, seine Augen noch nicht erloschen.

Hinter mir hörte ich denselben Mann fragen:

„Wo ist Gott?"

Und ich hörte eine Stimme in mir antworten:

„Wo er ist? Dort – dort hängt er, am Galgen ..."

An diesem Abend schmeckte die Suppe nach Leichnam.

Der Sommer ging zu Ende. Das jüdische Jahr war vorbei.

Am Vorabend von Resch-Haschanah, dem letzten Tage dieses verwünschten Jahres, bebten alle Herzen im Lager vor Spannung. Trotz allem war es ein Tag, der sich von anderen Tagen unterschied, der letzte Tag des Jahres. Das Wort „letzter" klang seltsam. Wenn er wirklich der letzte wäre?

Man teilte die Abendsuppe aus, eine dicke Suppe, die niemand berührte. Man wollte bis nach dem Gebet warten. Auf dem von elektrisch geladenem Stacheldraht umzäunten Appellplatz hatten sich Tausende von Juden mit verzerrten Gesichtszügen versammelt.

Die Nacht brach herein. Aus allen Blocks strömten die Gefangenen zusammen, plötzlich waren sie fähig, Raum und Zeit zu bezwingen und sie ihrem Willen unterzuordnen. Wer bist du, mein Gott, dachte ich zornig, verglichen mit dieser schmerzerfüllten Menge, die dir ihren Glauben, ihren Zorn, ihren Aufruhr zuschreit? Was bedeutete deine Größe, Herr der Welt, angesichts all dieser Schwäche, angesichts dieses Verfalls und dieser Fäulnis? Warum noch ihre kranken Seelen, ihre siechen Körper heimsuchen?

Zehntausend Männer hatten sich eingefunden, um der Feier beizuwohnen, Blockchefs, Kapos, Todesfunktionäre.

„Lobet den Ewigen . . ."

Die Stimme des Kantors ließ sich vernehmen. Zunächst glaubte ich, es sei der Wind.

„Gepriesen sei der Name des Ewigen!"

Tausende von Lippen wiederholten die Lobpreisung, Tausende beugten sich wie Bäume im Sturm.

Gepriesen sei der Name des Ewigen!

Warum, warum soll ich ihn preisen? Jede Faser meines Wesens sträubte sich dagegen. Nur weil er Tausende seiner Kinder in Gräben verbrennen ließ? Nur weil er sechs Gaskammern Tag und Nacht, Sabbat und Festtag arbeiten ließ? Nur weil er in seiner Allmacht Auschwitz, Birkenau, Buna und so viele andere Todesfabriken geschaffen hat? Wie soll ich zu ihm sagen: „Gepriesen seist du, Ewiger, König der Welt, der du uns unter den Völkern erwählt hast, damit wir Tag und Nacht gefoltert werden, unsere Väter, unsere Mütter, unsere Brüder in den Gaskammern verenden sehen? Gelobt sei dein heiliger Name, du, der du uns auserwählt hast, um auf deinem Altar geschlachtet zu werden?"

Ich hörte, wie die Stimme des Vorbeters unter dem Weinen, Schluchzen und Seufzen der Gläubigen machtvoll und gebrochen zugleich aufstieg:

„Er ist der Herr der ganzen Erde und des Weltalls!"

Alle Augenblicke hielt er inne, als habe er nicht die Kraft, in den Worten ihren Inhalt wiederzufinden. Die Weise erstickte seine Stimme.

Und ich, der Mystiker von einst, dachte:

„Ja, der Mensch ist stärker, größer als Gott. Als du von Adam und Eva hintergangen wurdest, hast du sie aus dem Paradies gejagt. Als Noachs Geschlecht dir mißfiel, hast du ihm eine Sintflut geschickt. Als Sodom keinen Gefallen mehr vor deinen Augen fand, hast du Feuer und Schwefel vom Himmel regnen lassen. Aber diese Männer hier, die du getäuscht hast, die du hast foltern, erwürgen, vergasen, einäschern lassen, was tun sie? Sie beten dich an! Sie preisen deinen Namen!"

„Alle Schöpfung bezeugt die Größe Gottes!"

Einst beherrschte der Neujahrstag mein Leben. Ich wußte, daß meine Sünden den Ewigen betrübten, und ich flehte um seine Vergebung. Früher glaubte ich zutiefst, daß von einer einzigen meiner Gebärden, daß von einem einzigen meiner Gebete das Heil der Welt abhing.

Heute betete ich nicht mehr. Ich war außerstande, zu seufzen. Ich fühlte mich im Gegenteil stark. Ich war der Ankläger. Und Gott war der Angeklagte. Meine Augen waren sehend geworden, und ich war allein, furchtbar allein auf der Welt, ohne Gott, ohne Menschen. Ohne Liebe und ohne Mitleid. Ich war nur noch Asche, aber ich fühlte mich stärker als jener Allmächtige, mit dem mein Leben so lange verknüpft gewesen war. Inmitten dieser Gemeinde war ich ein fremder Beobachter.

Die Andacht endete mit dem Kaddisch. Ein jeder sprach Kaddisch für seine Eltern, seine Kinder, seine Brüder und sich selbst.

Eine Weile blieben wir auf dem Appellplatz stehen. Niemand wagte sich diesem Wahn zu entziehen. Es war Schlafenszeit, und die Gefangenen trotteten langsam in ihre Blocks zurück. Ich hörte, wie man einander ein gutes neues Jahr wünschte!

Rasch lief ich hinter meinem Vater her. Gleichzeitig hatte ich Angst, ihm ein glückliches Jahr zu wünschen, an das ich nicht glauben konnte.

Er stand vor dem Block, an die Mauer gelehnt, mit eingefallenen Schultern wie unter einer schweren Last. Ich trat auf ihn zu, nahm seine Hand und küßte sie. Eine Träne fiel darauf. Von wem war sie? Von mir? Von ihm? Ich sagte nichts. Er auch nicht. Nie hatten wir uns so gut verstanden.

Der Glockenturm stieß uns unbarmherzig in die Wirklichkeit zurück. Es war Schlafenszeit. Wir waren weit fort gewesen. Ich hob die Augen, um das Gesicht meines über mich gebeugten Vaters zu sehen, um ein Lächeln zu erhaschen oder irgend etwas, das einem Lächeln in seinem ausgemergeltem und gealtertem Gesicht glich. Ich sah jedoch nichts. Nicht den Schatten eines menschlichen Ausdrucks. Er war geschlagen, vernichtet.

Jom Kippur. Der Tag der Versöhnung, des großen Vergebens.

Mußte man fasten? Die Frage wurde heftig diskutiert. Fasten könnte sicheren, rascheren Tod bedeuten. Hier fastete man das ganze Jahr. Das ganze Jahr war Jom Kippur. Aber andere meinten, man müsse fasten, schon weil Fasten gefährlich war. Es galt, Gott zu zeigen, daß man selbst hier, in dieser verriegelten Hölle, imstande war, ihm Preis zu singen.

Ich fastete nicht. Zunächst, um meinen Vater nicht

zu verstimmen, der mir verboten hatte zu fasten. Dann, weil fasten völlig sinnlos war. Ich nahm Gottes Schweigen nicht mehr hin. Meine Suppe schlürfend, sah ich in dieser Gebärde einen Akt des Aufruhrs und der Auflehnung gegen ihn.

Und ich knabberte meine Brotrinde.

Tief im Herzen fühlte ich große Leere.

Die SS machte uns zum Neujahr ein schönes Geschenk.

Wir kehrten von der Arbeit wieder. Sobald wir durchs Lagertor marschierten, spürten wir, daß etwas Ungewohntes in der Luft lag. Der Appell dauerte weniger lange als sonst. Die Abendsuppe wurde in Windeseile ausgeschöpft und alsbald angstvoll ausgelöffelt.

Ich fand mich nicht mehr im selben Block mit meinem Vater wieder. Vielmehr war ich in ein anderes Kommando versetzt worden, und zwar in ein Gebäude, wo ich zwölf Stunden täglich schwere Steinblöcke zu schleppen hatte. Der Chef meines neuen Blocks war ein deutscher Jude, ein untersetzter Mann mit scharfem Blick. An diesem Abend kündigte er uns an, daß niemand den Block nach der Abendsuppe verlassen dürfe. Bald darauf lief ein schreckliches Wort durch das Lager: die Auswahl.

Wir wußten, was das bedeutete. Ein SS-Mann würde uns untersuchen. Sobald er auf einen Schwachen, einen „Musulmann", wie wir sagten, stieß, schrieb er seine Nummer auf: reif für die Gaskammer.

Nach der Suppe gab man sich zwischen den Betten ein Stelldichein. Die Veteranen meinten:

„Ihr habt Glück, daß man euch so spät hergebracht hat. Heute ist hier das Paradies, im Vergleich zu dem, was es vor zwei Jahren war. Damals war Buna die wahre Hölle. Es gab kein Wasser, keine Decken und weniger Suppe und Brot als heute. Nachts schlief man fast nackt und das bei dreißig Grad unter Null. Jeden Tag sammelte man die Leichen zu Hunderten ein. Die Arbeit war hart. Daraus ist heute ein kleines Paradies geworden. Die Kapos hatten Befehl erhalten, täglich eine bestimmte Anzahl Gefangene zu töten. Jede Woche wurde Auswahl gehalten. Eine unbarmherzige Auswahl ... Ja, ihr habt weiß Gott Glück."

„Genug! Haltet den Mund!" flehte ich. „Erzählt eure Geschichten morgen früh oder ein andermal."

Sie lachten schallend heraus. Sie waren nicht umsonst Veteranen.

„Hast du Angst? Auch wir hatten damals Angst. Wir hatten auch allen Grund dazu – früher."

Die Greise blieben in ihren Ecken, stumm, reglos, wie gestelltes Wild. Manche beteten.

Noch eine Stunde. In einer Stunde sollten wir das Urteil kennenlernen: den Tod oder den Aufschub.

Und mein Vater? Erst jetzt dachte ich an ihn. Wie würde er die Auswahl überstehen? Er war so gealtert ...

Unser Blockwart war seit 1933 nicht mehr aus den Konzentrationslagern herausgekommen. Er war durch alle Schlachthöfe, durch alle Todesfabriken gegangen. Gegen neun Uhr pflanzte er sich mitten unter uns auf:

„Achtung!"

Sogleich trat Stille ein.

„Hört, was ich euch zu sagen habe. (Zum erstenmal hörte ich seine Stimme zittern.) In wenigen Minuten beginnt die Auslese. Dazu müßt ihr euch vollkommen ausziehen und dann hintereinander an den SS-Ärzten vorbeigehen. Ich hoffe, ihr kommt alle heil durch. Aber ihr müßt selbst eure Chancen vermehren. Bevor ihr ins Nebenzimmer geht, bewegt euch ein bißchen, damit ihr etwas Farbe bekommt. Marschiert nicht langsam, lauft! Lauft, als sei euch der Teufel auf den Fersen! Schaut nicht die SS an. Lauft immer geradeaus!"

Er unterbrach einen Augenblick, dann fügte er hinzu:

„Und die Hauptsache: Ihr dürft keine Angst haben!"

Das war ein Rat, den wir alle gerne befolgt hätten.

Ich zog mich aus und ließ meine Kleider auf dem Bett. An diesem Abend bestand keine Diebstahlsgefahr.

Tibi und Jossi, die gleichfalls neu eingeteilt worden waren, kamen zu mir und sagten:

„Wir wollen zusammenbleiben. Dann sind wir stärker."

Jossi murmelte etwas zwischen den Zähnen, vermutlich betete er. Ich hatte nie gewußt, daß Jossi gläubig war. Vielmehr hatte ich immer das Gegenteil angenommen.

Tibi hingegen schwieg. Leichenblaß. Alle Häftlinge standen nackt zwischen ihren Betten. So wird man wohl am Jüngsten Gericht dastehen.

„Sie kommen . . .!"

Drei SS-Offiziere umstanden den berühmten Arzt, Dr. Mengele, derjenige, der uns in Birkenau empfangen hatte. Der Blockwart versuchte zu lächeln:

„Fertig?"

Wir waren fertig. Die SS-Ärzte auch. Dr. Mengele hielt eine Liste in der Hand: unsere Nummern – und gab dem Blockwart ein Zeichen: „Sie können anfangen!" Als sei es ein Spiel.

Zuerst kamen die „Persönlichkeiten" des Blocks, die Stubenältesten, die Kapos, die Werkmeister, natürlich alle in glänzender körperlicher Verfassung! Daran schlossen sich die einfachen Gefangenen. Dr. Mengele maß sie von Kopf bis Fuß. Hin und wieder schrieb er eine Nummer auf. Nur ein Gedanke erfüllte mich: ihn nicht meine Nummer notieren, nicht meinen linken Arm sehen lassen.

Vor mir waren nur noch Tibi und Jossi. Sie liefen vorbei. Ich konnte gerade noch sehen, daß Mengele ihre Nummer nicht aufgeschrieben hatte. Jemand stieß mich an. Ich war an der Reihe. Ich lief, ohne mich umzublicken. Es schwirrte mir durch den Kopf: Du bist zu mager, zu schwach, du bist zu mager, du bist reif für den Schornstein . . . Der Lauf schien nicht enden zu wollen, ich glaubte jahrelang zu laufen . . . Endlich kam ich, völlig ausgepumpt, an. Als ich wieder bei Atem war, fragte ich Jossi und Tibi:

„Hat er mich aufgeschrieben?"

„Nein", sagte Jossi und fügte lächelnd hinzu: „Er

hätte es auch gar nicht gekonnt, weil du zu rasch gelaufen bist."

Nun lachte auch ich und war so glücklich, daß ich ihn hätte umarmen mögen. In diesem Augenblick spielten die anderen keine Rolle mehr. Man hatte mich nicht notiert.

Diejenigen, deren Nummern aufnotiert worden waren, standen abseits, von der ganzen Welt verlassen. Einige weinten still vor sich hin.

Die SS-Offiziere gingen weg. Der Blockwart erschien, sein Gesicht spiegelte die allgemeine Erschöpfung wider:

„Alles ist gut gegangen. Macht euch keine Sorgen. Keinem wird etwas passieren. Keinem ..."

Er versuchte noch zu lächeln. Ein armer, ausgehöhlter, ausgemergelter Jude fragte mit zitternder Stimme:

Aber ... aber, Blockältester, man hat mich doch aufgeschrieben!"

Der Blockwart ließ seinen Zorn an ihm aus. Was, man wollte ihm nicht glauben?

„Was soll das heißen? Lüge ich vielleicht? Ich habe euch ein für allemal gesagt: nichts wird euch geschehen! Niemand gehts an den Kragen. Ihr aalt euch nur in eurer Verzweiflung, ihr Idioten!"

Die Glocke läutete und zeigte damit an, daß die Auswahl im ganzen Lager beendet sei.

So rasch ich konnte, lief ich zum Block Nr. 36 und traf meinen Vater, der auf dem Wege zu mir war:

„Nun? Bist du durchgekommen?"

„Ja, und du?"

„Ich auch."

Wie frei wir aufatmeten! Mein Vater hatte ein Geschenk für mich mitgebracht: eine halbe Ration Brot im Austausch gegen ein im Depot gefundenes Stück Gummi, das zur Herstellung einer Sohle dienen konnte.

Es läutete. Schon wieder mußten wir uns trennen und schlafen gehen. Der ganze Tag lief nach der Glocke ab, sie erteilte die Befehle, die ich automatisch ausführte. Ich haßte diese Glocke. Wenn ich mitunter von einer besseren Welt träumte, so brauchte ich mir nur eine Welt ohne Glocke vorzustellen.

Tage vergingen. Wir dachten nicht mehr an die Auswahl. Wie sonst gingen wir zur Arbeit und luden schwere Steine auf Waggons. Die Rationen waren magerer geworden: das war die einzige Veränderung.

Wie alle Tage standen wir eines Morgens vor Sonnenaufgang auf. Wir hatten unseren schwarzen Kaffee und unsere Brotration bekommen und schickten uns an, wie üblich zur Arbeitsstelle zu gehen, als der Blockälteste angelaufen kam:

„Einen Augenblick Ruhe. Ich habe eine Nummernliste zu verlesen. Wer aufgerufen wird, geht heute nicht zur Arbeit und bleibt im Lager."

Mit schwacher Stimme verlas er etwa zehn Nummern. Wir hatten begriffen: Es waren die bei der Auswahl Aufnotierten. Dr. Mengele hatte uns nicht vergessen. Gefolgt von einem Dutzend Gefangener, die sich an seine Jacke klammerten, ging der Blockälteste in seine Kammer:

„Retten Sie uns! Sie haben versprochen ... Wir wollen zur Arbeit, wir haben genug Kraft. Wir sind gute Arbeiter. Wir können ... wir wollen ..."

Er suchte sie zu beruhigen, ihnen wegen ihres Schicksals Trost und Gewißheit zuzusprechen, ihnen zu erklären, daß die Tatsache, daß sie im Lager bleiben sollten, nichts zu sagen und keinesfalls etwas Schlimmes zu bedeuten habe:

„Ich bleib ja auch alle Tage hier ..."

Das war freilich ein schwaches Argument. Er merkte es, sprach kein Wort mehr und schloß sich in seine Kammer ein.

Es läutete. „Antreten!"

Jetzt spielte es keine Rolle mehr, daß die Arbeit hart war. Wichtig war nur, weitab vom Block, von der Todesgrube, fern vom Mittelpunkt der Hölle zu sein.

Ich sah meinen Vater auf mich zueilen und bekam es mit der Angst zu tun.

„Was ist los?"

Er war außer Atem und brachte den Mund nicht auf.

„Ich auch . . . ich auch . . . Man hat mir gesagt, ich solle im Lager bleiben."

Man hatte ihn aufgeschrieben, ohne daß er es gemerkt hatte.

„Was wird geschehen?" fragte ich geängstigt.

„Es ist noch nicht sicher", sagte er in dem Bestreben, mich zu beruhigen. „Es gibt noch eine Möglichkeit, zu entwischen. Heute findet eine zweite Auswahl statt . . . eine endgültige Auswahl . . ."

Ich schwieg.

Ich fühlte, wie die Zeit seinen Händen entglitt. Er sprach schnell: Er hätte mir soviel zu sagen gehabt. Er verhaspelte sich in seinen Worten, seine Stimme versagte. Er wußte, daß ich in wenigen Minuten abmarschieren mußte. Er würde allein, so allein sein . . .

„Hier, nimm dies Messer", bat er. „Ich brauche es nicht mehr. Dir kann es noch nützen. Nimm auch diesen Löffel. Verkaufe nichts. Rasch! Los, nimm doch, was ich dir gebe!"

Das Erbe . . .

„Sprich nicht so, Vater! (Ich war nahe daran, in Schluchzen auszubrechen.) Ich will nicht, daß du das sagst. Behalte den Löffel und das Messer. Du brauchst sie ebenso notwendig wie ich. Heute abend, nach der Arbeit, sehen wir uns wieder."

Er blickte mich mit seinen müden und von Verzweiflung verschleierten Augen an und begann von neuem:

„Ich bitte dich . . . Nimm das Zeug, tu, was ich dir sage, mein Sohn. Wir haben keine Zeit . . . Tu, was dein Vater dir sagt."

Unser Kapo brüllte den Marschbefehl.

Das Kommando setzte sich in Richtung auf den Lagerausgang in Bewegung. Links, rechts! Ich biß mir auf die Lippen. Mein Vater war vor dem Block stehengeblieben und lehnte an der Mauer. Dann lief er los, um uns einzuholen. Vielleicht hatte er vergessen, mir etwas zu sagen ... Aber wir marschierten zu schnell ... Links, rechts!

Schon waren wir am Tor und wurden im Lärm der Militärmusik abgezählt. Dann waren wir draußen!

Den ganzen Tag schlich ich wie ein Schlafwandler umher. Tibi und Jossi schenkten mir von Zeit zu Zeit ein brüderliches Wort. Auch der Kapo suchte mich zu beruhigen und teilte mir für heute eine leichtere Arbeit zu. Mir war übel zumute. Dabei war man so gut zu mir, wie zu einem Waisenkind. Ich dachte: Selbst jetzt hilft mir mein Vater noch.

Ich wußte selbst nicht, was ich wollte, ob der Tag schneller vergehen solle oder nicht. Ich hatte Angst, abends wieder allein zu sein. Wie gut wäre es gewesen, hier zu sterben!

Schließlich kam der Rückmarsch. Wie lieb wäre es mir gewesen, wenn befohlen worden wäre: Laufen!

Wieder der Militärmarsch. Das Tor. Das Lager.

Ich lief zum Block 36.

Geschahen noch Wunder auf der Erde? Er lebte, er war bei der zweiten Auslese durchgeschlüpft. Nochmals hatte er seine Nützlichkeit beweisen können. Ich gab ihm Messer und Löffel zurück.

Akiba Drumer war ein Opfer der Auswahl geworden und hatte uns verlassen. In der letzten Zeit war er mit glasigen Augen umhergewandert und hatte jedem von seiner Schwäche erzählt: „Ich kann nicht mehr ... Es ist vorbei mit mir ...“ Es war unmöglich, ihn aufzumuntern. Er hörte nicht mehr, was man zu ihm sagte. Er wiederholte nur, daß für ihn alles aus sei, daß er den Kampf nicht mehr durchhalten könne, daß ihm weder die Kraft noch der Glaube geblieben sei. Seine Augen wurden mit einemmal leer, sie waren nur noch zwei offene Wunden, zwei Brunnen des Entsetzens.

Nicht nur er hatte in den Tagen der Auswahl den Glauben verloren. Ich habe den Rabbiner einer kleinen polnischen Stadt gekannt, einen gebeugten Greis mit stets zitternden Lippen, der die ganze Zeit im

Block, auf dem Arbeitsplatz, in Reih und Glied betete. Ganze Seiten aus dem Talmud sagte er auswendig auf, diskutierte mit sich selbst, stellte sich Fragen und beantwortete sie. Eines Tages sagte er zu mir:

„Es ist aus. Gott ist nicht mehr mit uns."

Und als bereue er, diese Worte trocken und kalt hervorgestoßen zu haben, fügte er mit erloschener Stimme hinzu:

„Ich weiß. Man hat nicht das Recht, so etwas zu sagen, ich weiß es wohl. Der Mensch ist zu klein, zu unbedeutend, um die geheimnisvollen Wege Gottes suchen und verstehen zu können. Aber was kann ich tun? Ich bin kein Weiser, kein Gerechter, ich bin kein Heiliger. Ich bin ein einfaches Geschöpf aus Fleisch und Blut. Ich leide Höllenqualen in meiner Seele und in meinem Fleisch. Ich habe auch Augen im Kopf und sehe, was hier geschieht. Wo ist die göttliche Barmherzigkeit? Wo ist Gott? Wie kann ich, wie kann man an diesen Gott der Barmherzigkeit glauben?

Armer Akiba Drumer! Hätte er sich seinen Glauben an Gott bewahren, hätte er in diesem Leidensweg eine Prüfung Gottes sehen können, er wäre nicht ein Opfer der Auslese geworden. Sobald er aber den ersten Riß in seinem Glauben spürte, verlor er jeden Grund zum Weiterkämpfen, und der Todeskampf begann.

Als die Auswahl begann, war er von vorneherein verurteilt, weil er seinen Hals dem Henker hinstreckte. Er bat uns nur:

„In drei Tagen bin ich nicht mehr . . . sagt Kaddisch für mich."

Wir versprachen es: Sollte in drei Tagen der Schornstein rauchen, würden wir an ihn denken. Wir würden zehn der Unsrigen zusammenrufen und eine besondere Andacht abhalten. Alle seine Freunde würden Kaddisch sagen.

Dann machte er sich mit fast sicherem Schritt zum Lazarett auf den Weg, ohne sich einmal umzublicken. Dort wartete eine Ambulanz, um ihn nach Birkenau zu bringen.

Das waren schreckliche Tage. Wir bekamen mehr Hiebe als Essen, und die Arbeit gab uns fast den Rest. Drei Tage nach seinem Fortgang vergaßen wir Kaddisch zu sagen.

Der Winter war gekommen. Die Tage wurden kürzer und die Nächte fast unerträglich. In den ersten Morgenstunden peitschte uns der eisige Wind. Jetzt bekamen wir Winterkleidung: gestreifte, etwas dikkere Hemden, was den Veteranen neue Gelegenheit zum Spotten gab:

„Jetzt werdet ihr das Lager erst richtig kennenlernen."

Wie üblich zogen wir durchgefroren zur Arbeit aus. Die Steine waren so kalt, daß sie an den Händen zu kleben schienen, sobald man sie berührte. Aber man gewöhnte sich an alles.

An Weihnachten und Neujahr wurde nicht gearbeitet. Wir bekamen eine weniger klare Suppe.

Gegen Mitte Januar bekam ich Frostbeulen am Fuß. Da ich nicht mehr auftreten konnte, ging ich zur Sprechstunde. Der Arzt, ein großer jüdischer Arzt, Gefangener wie wir, meinte eindeutig: „Wir müssen operieren! Wenn wir warten, werden wir die Zehen, vielleicht sogar das Bein abnehmen müssen."

Das fehlte noch! Es blieb mir jedoch keine andere Wahl. Der Arzt hatte beschlossen zu schneiden, es gab kein Wort mehr darüber zu verlieren. Ich war sogar froh, daß er die Entscheidung fällte.

Man legte mich in ein Bett mit weißen Laken. Ich hatte vergessen, daß man normalerweise in weißen Laken schläft.

Die Lazarettbehandlung war gar nicht so schlecht: Man hatte Anrecht auf Weißbrot und eine dickere Suppe. Auch kein Läuten, kein Antreten, keine Arbeit. Von Zeit zu Zeit konnte ich meinem Vater ein Stück Brot zuschmuggeln.

Neben mir lag ein an Ruhr erkrankter ungarischer Jude. Er war nur noch Haut und Knochen, und seine Augen waren erloschen. Ich hörte nur noch seine

Stimme, seine einzige Lebensäußerung. Woher nahm er die Kraft, zu sprechen?

„Freu dich nicht zu früh, Kleiner. Auch hier gibt es die Auswahl! Und zwar noch häufiger als draußen. Deutschland braucht keine kranken Juden. Deutschland braucht mich nicht. Nach dem nächsten Transport hast du einen neuen Nachbarn. Drum hör mich an und befolge meinen Rat: Verlasse das Lazarett nach der Auswahl!“

Diese Worte, die aus der Erde kamen, aus einer Gestalt, die kein Gesicht mehr hatte, jagten mir einen furchtbaren Schrecken ein. Natürlich war das Lazarett winzig, und wenn in diesen Tagen neue Kranke kamen, mußte man Platz machen.

Vielleicht wollte mein Nachbar ohne Gesicht, der vielleicht fürchtete, unter den ersten Opfern zu sein, mich nur vertreiben und mein Bett frei sehen, damit er selbst eine Chance bekäme, zu überleben. Vielleicht wollte er mich nur erschrecken. Wenn er aber wahr gesprochen hatte? Ich beschloß, die Ereignisse abzuwarten.

Der Arzt kündigte mir an, daß ich am darauffolgenden Tag operiert werden würde.

„Hab' keine Angst“, fügte er hinzu, „alles wird gutgehen.“

Gegen zehn Uhr morgens führte man mich ins Operationszimmer. „Mein“ Arzt war anwesend, das tröstete mich. Ich fühlte, daß mir in seiner Gegenwart nichts Böses zustoßen konnte. Jedes seiner Worte war Balsam, und jeder seiner Blicke traf mich wie ein Hoffnungsschimmer.

„Es wird etwas weh tun“, sagte er, „aber das geht vorüber. Beiß auf die Zähne!“

Die Operation dauerte eine Stunde. Man hatte mich nicht betäubt. Ich ließ keinen Blick von meinem Arzt. Dann verließen mich die Sinne.

Als ich wieder zu mir kam und die Augen öffnete, sah ich zuerst nur eine riesige weiße Fläche, meine Laken, und dann die Augen des Arztes, der sich über mich beugte:

„Alles ist gut verlaufen. Du bist tapfer, mein Kleiner. Jetzt bleibst du zwei Wochen liegen und ruhst dich aus, und dann ist alles vorbei. Du bekommst gut zu essen, du kannst deinen Körper und deine Nerven entspannen . . ."

Ich folgte nur den Bewegungen seiner Lippen, kaum verstand ich, was er sagte, aber das Summen seiner Stimme tat mir wohl. Plötzlich bedeckte kalter Schweiß meine Stirn: Ich fühlte mein Bein nicht mehr! Hatte man es amputiert?

„Herr Doktor", stammelte ich, „Herr Doktor!"

„Was ist denn, Kleiner?"

Ich hatte nicht den Mut, ihm die Frage zu stellen, die mir auf den Lippen brannte.

„Ich habe Durst . . ."

Man brachte mir Wasser. Er lächelte und schickte sich an, seine anderen Patienten zu betreuen.

„Herr Doktor?"

„Was ist?"

„Werde ich mein Bein wieder benützen können?"

Er lächelte nicht mehr. Angst befiel mich. Er sagte:

„Kleiner, hast du Vertrauen zu mir?"

„Großes, Herr Doktor."

„Na schön. Dann hör zu: In vierzehn Tagen wirst du vollkommen hergestellt sein und wirst gehen können wie die anderen. Deine Fußsohle war völlig vereitert. Wir mußten nur diesen Beutel reinigen. Dein Bein ist nicht amputiert worden. Du wirst sehen, in vierzehn Tagen läufst du quietschfidel herum."

Ich brauchte also nur vierzehn Tage zu warten.

Aber schon zwei Tage nach meiner Operation lief das Gerücht durchs Lager, daß die Front plötzlich nahegerückt sei. Die Rote Armee stoße auf Buna vor, hieß es, es sei nur noch eine Frage von Stunden.

Wir waren an diese Art von Gerüchten bereits gewöhnt. Es war nicht das erste Mal, daß ein falscher Prophet uns den Frieden auf der Welt, Verhandlungen mit dem Roten Kreuz wegen unserer Befreiung und andere Hirngespinste versprochen hatte . . . Plötzlich glaubten wir daran, es war wie eine Morphiumspritze.

Diesmal klangen die Prophezeiungen jedoch handgreiflicher. In den vergangenen Nächten hatten wir in der Ferne Kanonendonner gehört.

Aber da sagte mein gesichtsloser Nachbar:

„Gib dich keinen Illusionen hin. Hitler hat es klar und deutlich ausgesprochen, daß er sämtliche Juden vernichtet haben wird, bevor es dreizehn schlägt."

„Was haben Sie davon?" stieß ich hervor. „Sollen wir Hitler als Propheten ansehen?"

Seine erloschenen Augen blickten mich starr an. Schließlich sagte er tonlos:

„Ich habe mehr Vertrauen in Hitler als in irgend jemand anderen. Hitler ist der einzige, der alle seine dem jüdischen Volke gemachten Versprechungen samt und sonders gehalten hat."

Um vier Uhr nachmittags desselben Tages rief die Uhr wie üblich alle Blockältesten zum Appell.

Niedergeschlagen kehrten sie zurück und sagten nur ein Wort: Evakuierung. Das Lager sollte aufgelöst, wir sollten rückwärts verlagert werden. Aber wohin? Irgendwohin tief nach Deutschland hinein, in andere Lager: an denen fehlte es nicht.

„Wann?"

„Morgen abend."

„Vielleicht kommen die Russen noch vorher . . ."

„Vielleicht."

Wir wußten wohl, daß das nicht der Fall sein würde.

Das Lager summte wie ein Bienenkorb. Man lief, rief und fragte. In allen Blocks wurden Marschvorbereitungen getroffen. Ich hatte meinen kranken Fuß vergessen. Ein Arzt betrat das Krankenzimmer und verkündete:

„Morgen unmittelbar nach Einbruch der Dunkelheit marschiert das Lager ab. Ein Block nach dem anderen. Die Kranken können im Lazarett bleiben und werden nicht evakuiert."

Diese Nachricht gab mir zu denken. Sollte die SS sich damit einverstanden erklären, daß einige hundert Häftlinge sich in den Lazarettblocks breitmachten und seelenruhig die Ankunft ihrer Befreier erwarteten? Würden sie irgendeinem Juden erlauben, die dreizehnte Stunde abzuwarten? Sicherlich nicht.

„Man wird alle Kranken schonungslos erledigen", sagte der Gesichtslose, „und sie mit dem letzten Schub in die Gaskammer spedieren."

„Sicherlich ist das Lager unterminiert", warf ein anderer ein. „Unmittelbar nach der Evakuierung wird alles in die Luft fliegen."

Ich selbst dachte nicht an den Tod, wollte mich jedoch nicht von meinem Vater trennen lassen. Wir hatten schon soviel gemeinsam gelitten und ertragen: Es war nicht mehr der Augenblick, uns trennen zu lassen.

Ich lief hinaus, um ihn zu suchen. Der Schnee lag dicht, die Fenster der Blocks waren bereift. Einen Stiefel in der Hand, denn ich konnte den rechten Stiefel nicht anziehen, lief ich und fühlte weder Schmerz noch Kälte.

„Was geschieht nun?"

Mein Vater antwortete nicht.

„Was wird geschehen, Vater?"

Er war in Gedanken versunken. Die Wahl lag in unseren Händen. Zum erstenmal konnten wir unser Los selbst entscheiden.

Wir konnten alle beide im Lazarett bleiben, wo ich ihn dank meines Arztes als Kranken oder Krankenanwärter einführen konnte. Wir konnten auch mit den anderen gehen.

Ich war entschlossen, meinen Vater auf jeden Fall zu begleiten.

„Was geschieht nun, Vater?"

Er schwieg.

„Wir wollen uns mit den anderen evakuieren lassen", sagte ich.

Er antwortete nicht und blickte nur auf meinen Fuß.

„Glaubst du, daß du marschieren kannst?“
„Ich glaub schon.“
„Hoffentlich bereuen wir es nicht, Elieser.“

Nach dem Kriege erfuhr ich das Schicksal der im Lazarett Verbliebenen. Sie wurden zwei Tage nach der Evakuierung schlicht und einfach von den Russen befreit.

Ich kehrte nicht ins Lazarett zurück, sondern ging in meinen Block. Meine Wunde hatte sich geöffnet, blutete und färbte den Schnee rot.

Der Blockälteste verteilte doppelte Rationen von Brot und Margarine für den Marsch. Kleider und Hemden konnte man sich im Depot in beliebigen Mengen holen.

Es war kalt. Wir legten uns ins Bett.

Die letzte Nacht in Buna. Wieder einmal die letzte Nacht. Die letzte Nacht zu Hause, die letzte Nacht im Ghetto, die letzte Nacht im Viehwagen und nun die letzte Nacht in Buna. Wie lange würde unser Leben sich noch von einer „letzten Nacht“ zur anderen schleppen?

Ich tat kein Auge zu. Hinter dem bereiften Fenster blitzte roter Lichtschein auf. Kanonendonner zerriß die stille Nacht.

Wie nah die Russen schon waren! Zwischen ihnen und uns – eine Nacht, eine letzte Nacht. Man flüsterte von einem Bett zum anderen: Nur ein wenig Glück, und die Russen sind vor der Evakuierung hier! Noch lebte die Hoffnung.

Einer rief:

„Versucht zu schlafen. Sammelt Kraft für den Marsch.“

Das erinnerte mich an die letzten Ratschläge meiner Mutter im Ghetto.

Aber ich konnte nicht einschlafen. Mein Fuß brannte wie Feuer.

Am nächsten Morgen sah das Lager völlig verändert aus. Die Häftlinge traten in merkwürdiger Verkleidung auf, wie bei einem Maskenfest. Jeder hatte mehrere Kleidungsstücke übereinander gezogen, um sich besser gegen die Kälte schützen zu können. Armselige Gauklergestalten, breiter als hoch, mehr tot als lebendig, arme Possenreißer, deren Gespenstermasken aus einem Haufen Sträflingsdrillich hervorschauten.

Ich versuchte einen großen Stiefel aufzutreiben. Vergebens. So zerriß ich meine Decke und umwickelte meinen verletzten Fuß. Dann durchsuchte ich das ganze Lager nach etwas Brot und ein paar Kartoffeln.

Einige meinten, es ginge in die Tschechei. Andere, nach Groß-Rosen, dritte, nach Gleiwitz, wieder andere, sonst wohin ...

Zwei Uhr nachmittags. Der starke Schneefall hielt an.

Jetzt verstrichen die Stunden rasch, schon brach die Dämmerung herein, und der Tag sank ins Graue.

Plötzlich erinnerte sich der Blockwart daran, daß die Blockreinigung vergessen worden war, und befahl vier Gefangenen, den Boden zu schrubben ... Eine Stunde vor Abmarsch! Wozu? Für wen?

„Für die Befreiungsarmee!" rief er. „Damit sie wissen, daß hier Menschen gewohnt haben und keine Schweine."

Wir waren also Menschen? Der Block wurde blitzsauber gescheuert und bis in die kleinsten Winkel hinein gesäubert.

Um sechs Uhr läutete die Glocke. Die Totenglocke. Das Begräbnis. Der Trauerzug sollte sich in Bewegung setzen.

„Antreten! Wird's bald!"

Im Handumdrehen waren wir alle blockweise angetreten. Die Nacht fiel ein. Alles ging planmäßig, wie am Schnürchen.

Die Scheinwerfer leuchteten auf. Hunderte von SS-Männern, begleitet von Schäferhunden, enttauchten der Dunkelheit. Es schneite noch immer.

Die Tore des Lagers gingen auf. Dahinter schien uns eine noch dunklere Nacht zu erwarten.

Die ersten Blocks setzten sich in Bewegung. Wir

warteten. Wir mußten den Abmarsch von sechsundfünfzig Blocks, die vor uns kamen, abwarten. Es war bitter kalt. Ich hatte zwei Stück Brot in der Tasche. Wie gerne hätte ich sie jetzt gegessen! Aber ich durfte nicht. Noch nicht.

Nun kamen wir bald an die Reihe: Block 53 ... Block 55 ... Block 57. Ohne Tritt, marsch!

Es schneite ohne Unterlaß.

Ein eisiger Wind wehte, aber wir marschierten unverdrossen.

Die SS drängte zur Eile. „Rascher, Kanaillen, räudige Hunde!" Warum nicht? Die Bewegung wärmte uns etwas, das Blut lief rascher durch die Adern. Man hatte das Gefühl, zum Leben zu erwachen ...

„Rascher, räudige Hunde!" Schon marschierte man nicht mehr, man lief wie Automaten. Auch die SS-Männer liefen, die Waffe in der Hand. Wir schienen vor ihnen zu fliehen.

Pechschwarze Nacht. Von Zeit zu Zeit knallte ein Schuß. Die SS hatte Befehl, auf jeden zu schießen, der nicht mitkam. Den Finger am Abzug, legte die Begleitmannschaft sich keine Zurückhaltung auf. Sobald einer auch nur eine Sekunde stillstand, streckte ein dumpfer Knall einen räudigen Hund nieder.

Mechanisch setzte ich einen Schritt vor den anderen und schleppte mein Knochengerüst weiter, das trotzdem noch zuviel wog. Hätte ich es doch abschütteln können!

Trotz meiner Anstrengungen, nicht daran zu denken, fühlte ich, daß ich zweierlei war: mein Körper und ich. Ich haßte ihn.

Ich dachte immer wieder: Denke nicht, bleib nicht stehen, lauf!

Ganz in meiner Nähe brachen viele im schmutzigen Schnee zusammen und schon krachte der Schuß ...

Neben mir marschierte ein Polenjunge namens Zalman, der in Buna im Elektro-Depot gearbeitet hatte und stets verlacht worden war, weil er ständig betete und über irgendeine Frage des Talmuds nachdachte.

Das tat er, um der Wirklichkeit zu entfliehen und die Schläge weniger zu spüren ...

Plötzlich bekam er Magenkrämpfe. „Ich habe Bauchschmerzen", flüsterte er mir zu. Er konnte nicht weitermarschieren, er mußte einen Augenblick stehenbleiben. Ich flehte ihn an:

„Halt aus, Zalman. Bald wird haltgemacht. In diesem Tempo werden wir nicht bis ans Ende der Welt rennen."

Aber mitten im Lauf knöpfte er sich die Hose auf und rief mir zu:

„Ich kann nicht mehr. Mein Bauch platzt ..."

„Versuch's noch mal, Zalman ... Versuch's ..."

„Ich kann nicht mehr", seufzte er.

Seine Hose rutschte, und schon ließ er sich fallen.

Das ist das letzte Bild, das mir von ihm verblieben ist. Ich glaube nicht, daß ein SS-Mann ihn liquidiert hat, denn niemand hat ihn gesehen. Vielmehr muß er unter den Füßen von Tausenden von Männern, die hinter uns kamen, totgetrampelt worden sein.

Ich vergaß ihn rasch und dachte wieder an mich. Wegen meines schmerzenden Fußes durchzuckte mich bei jedem Schritt ein Schauer. Noch ein paar Meter, dachte ich, nur noch wenige Meter und alles ist vorbei. Ich falle, eine kleine rote Flamme, ein Schuß. Der Tod umringte mich bis zum Ersticken, er klebte an mir. Mir war, als könne ich ihn berühren. Der Gedanke zu sterben, nicht mehr zu sein, begann mich zu betören. Nicht mehr zu existieren, nicht mehr den fürchterlichen Schmerz im Fuß zu spüren. Nichts mehr zu fühlen, weder Müdigkeit noch Kälte, nichts. Aus Reih und Glied zu springen, sich am Straßenrand niedersinken zu lassen ...

Die Gegenwart meines Vaters war das einzige, was mich davon abhielt. Er lief mir zur Seite, außer Atem, am Ende seiner Kräfte, in den letzten Zügen. Ich hatte nicht das Recht, einfach hier zu sterben. Was würde er ohne mich tun? Ich war sein einziger Halt.

Diese Gedanken hatten mich schon eine Weile beschäftigt. Während ich gelaufen war, ohne meinen wehen Fuß zu spüren, ohne das Bewußtsein eines Körpers zu haben, der unter Tausenden auf der Straße dahinstolperte.

Als ich wieder bei mir war, versuchte ich, etwas langsamer zu laufen. Es war jedoch unmöglich. Die Menschen drängten gleich einer Sturmflut hinter mir her und hätten mich wie eine Ameise zerquetscht.

Ich war nur noch ein Traumwandler. Es kam vor, daß ich die Lider schloß, so daß ich wie im Schlaf dahineilte. Von Zeit zu Zeit stieß mich einer heftig in den Rücken, dann wachte ich auf. Und einer schrie hinter mir: „Schneller. Wenn du nicht weiter willst, laß die anderen vorbei.“ Es genügte, die Augen eine Sekunde zu schließen, um eine ganze Welt vorbeiziehen zu sehen, um ein ganzes Leben zu träumen.

Straße ohne Ende. Sich von der wogenden Menge vorwärtsstoßen, sich vom blinden Schicksal treiben zu lassen. Als die SS-Männer müde waren, wurden sie abgelöst. Uns löste niemand ab. Trotz des Laufens durchgefroren, die Kehle ausgetrocknet, ausgehungert, außer Atem, liefen wir weiter.

Wir waren die Herren der Natur, die Herren der Welt. Wir hatten alles vergessen, den Tod, die Müdigkeit, die natürlichen Bedürfnisse. Stärker als Kälte und Hunger, stärker als die Schüsse und der Wunsch zu sterben, Todeskandidaten und Landstreicher, waren wir die einzigen Menschen auf der Erde.

Endlich erschien der Morgenstern am grauen Himmel. Fahles Licht zog am Horizont auf. Wir konnten nicht mehr, wir waren ohne Kraft und ohne Illusionen.

Der Kommandant verkündete, daß wir seit dem Abmarsch siebzig Kilometer zurückgelegt hatten. Längst hatten wir die Grenze der Müdigkeit überschritten. Mechanisch, gegen unseren Willen, taten unsere Beine ihren Dienst.

Wir marschierten durch ein verlassenes Dorf. Keine Menschenseele weit und breit. Kein Hundebellen. Häuser mit gähnenden Fenstern. Der eine oder andere schlüpfte aus Reih und Glied, um sich in einem verlassenen Haus zu verstecken.

Noch eine Stunde Marsch, dann endlich wurde der Rastbefehl gegeben. Alle auf einmal ließen wir uns in den Schnee sinken. Mein Vater rüttelte mich hoch:

„Nicht hier ... steh auf! Noch ein paar Schritte. Dort drüben ist ein Schuppen ... Komm ...“

Ich hatte weder Lust noch Kraft, aufzustehen. Trotzdem gehorchte ich. Es war kein Schuppen, sondern eine Ziegelei mit eingestürztem Dach und zerbrochenen Fensterscheiben, deren Mauern von Feuchtigkeit trieften. Es war gar nicht leicht, da hineinzukommen, denn Hunderte von Gefangenen drängten sich vor der Tür.

Schließlich gelang es uns doch. Auch drinnen lag tiefer Schnee. Ich ließ mich fallen. Erst jetzt spürte ich, wie müde ich war. Der Schnee nahm mich wie ein weicher, warmer Teppich auf. Ich schlummerte ein.

Ich weiß nicht, wie lange ich schlief, ob nur wenige Sekunden oder eine ganze Stunde. Als ich erwachte, klopfte mir eine eiskalte Hand auf die Wangen. Mühsam öffnete ich die Lider; es war mein Vater.

Wie alt er seit gestern abend geworden war! Sein Körper war völlig verkrümmt und verdreht. Seine Augen waren versteint, seine Lippen welk, tot. Alles an ihm war völlige Erschöpfung. Seine Stimme klang feucht von Tränen und Schnee:

„Du darfst nicht einschlafen, Elieser. Es ist gefährlich, im Schnee einzuschlafen. Wer einschläft, wacht nicht mehr auf. Komm, mein Junge, komm. Steh auf!“

Aufstehen? Wie konnte ich? Wie sollte ich mich den weichen Daunen entwinden? Ich hörte wohl die Worte meines Vaters, aber sie schienen mir sinnlos, als fordere jemand von mir, daß ich den ganzen Schuppen fortschleppe ...

„Komm, mein Sohn, komm ...“

Mit zusammengebissenen Zähnen raffte ich mich hoch. Mich stützend, führte er mich nach draußen. Das war nicht einmal leicht. Ins Freie zu gelangen, war ebenso mühsam, wie sich hineinzuzwängen. Unter uns stöhnten halb zerquetschte, halb totgetretene Männer. Niemand nahm die geringste Rücksicht.

Endlich standen wir draußen. Der eisige Wind peitschte mein Gesicht. Pausenlos biß ich mir auf die Lippen, damit sie nicht gefroren. Ringsum schien alles einen Totentanz aufzuführen, so daß mir schwindelig wurde.

Ich bewegte mich auf einem Friedhof, zwischen starren Leibern, zwischen Holzklötzen. Kein Verzweiflungsschrei, keine Klage, nichts als ein massenhafter stummer Todeskampf. Niemand flehte den anderen um Hilfe an. Man starb, weil man sterben mußte. Man machte keine Schwierigkeiten.

Ich sah mich in jedem erstarrten Leib. Bald würde ich keinen von ihnen mehr sehen können, bald würde ich einer von ihnen sein, es war nur eine Frage von Stunden.

„Komm, Vater, laß uns in den Schuppen zurückgehen."

Er antwortete nicht, er gönnte den Sterbenden keinen Blick.

„Komm, Vater. Dort ist's besser. Man kann sich ein wenig ausstrecken. Einer löst den anderen ab. Erst wache ich, dann du. Wir werden uns gegenseitig nicht einschlafen lassen, wir werden einander beobachten."

Er willigte ein. Nachdem wir über viele Leiber und Leichname gestolpert waren, gelang es uns, in den Schuppen hineinzukommen. Dort ließen wir uns niedersinken.

„Hab keine Angst, mein Junge. Schlaf, du kannst schlafen. Ich werde wachen."

„Zuerst du, Vater. Schlaf du."

Er weigerte sich. So legte ich mich denn hin und versuchte zu schlafen, ein wenig zu dämmern, aber umsonst, Gott weiß, was ich gegeben hätte, um ein paar Minuten einschlafen zu können. Aber in der Tiefe meines Herzens wußte ich, daß Schlafen Sterben bedeutete. Und etwas in mir sträubte sich gegen diesen Tod. Ringsum breitete er sich aus, lautlos, gewaltlos. Er beschlich einen Eingenickten, schlüpfte in ihn hinein und saugte ihn allmählich aus. Neben mir versuchte jemand seinen Nachbarn aufzuwecken, vielleicht seinen

Bruder oder einen Kameraden. Vergebens. Entmutigt streckte er sich neben den Leichnam hin und schlief seinerseits ein. Wer würde ihn wecken? Ich streckte den Arm aus und berührte ihn:

„He, wach auf. Hier darf man nicht schlafen . . ."

Er öffnete einen spaltbreit seine Lider.

„Keine Ratschläge", murmelte er mit erlöschender Stimme. „Ich bin erledigt. Laß mich in Ruhe. Hau ab."

Auch mein Vater schlummerte sanft. Ich konnte seine Augen nicht sehen, seine Mütze bedeckte ihm das Gesicht.

„Wach auf", murmelte ich ihm ins Ohr.

Er fuhr zusammen, setzte sich auf und blickte umher, verloren, verstört, wie ein Waisenkind. Lange blickte er umher, als habe er in diesem Augenblick beschlossen, eine Bestandsaufnahme von seiner Umwelt zu machen, zu erfahren, wo er sich befand, an welchem Ort, wie und warum. Dann lächelte er.

Ich werde dieses Lächeln nie vergessen. Aus welcher Welt kam er zurück?

Unablässig fiel der Schnee in dicken Flocken auf die Leichname.

Die Schuppentür ging auf, und ein Greis mit bereiftem Bart und blaugefrorenen Lippen trat ein. Es war Rabbi Eliahu, der Rabbiner einer kleinen Gemeinde in Polen, ein herzensguter Mensch, den jedermann im Lager – selbst die Kapos und Blockältesten – schätzte. Trotz des Unglücks und all der Anfechtungen strahlte sein Gesicht nach wie vor von innerer Reinheit. Er war der einzige Rabbiner, den man in Buna nie „Rabbi" zu nennen versäumte. Er glich einem jener Propheten von einst, die stets bei ihrem Volk waren, um es zu trösten. Und seltsam: seine Worte des Trostes verbitterten niemanden. Sie richteten wahrhaft auf.

Er betrat den Schuppen, und seine Augen, die stärker glänzten als sonst, schienen jemanden zu suchen:

„Haben Sie vielleicht meinen Sohn gesehen?"

Er hatte seinen Sohn in dem Menschengewirr verloren und ihn vergeblich unter den Sterbenden gesucht, dann hatte er den Schnee aufgescharrt, um wenigstens seinen Leichnam zu finden – vergebens.

Drei Jahre lang hatten sie zusammen ausgehalten. Stets waren sie beieinander, im Leiden, bei den Schlägen, bei der Brotration und beim Gebet. Drei Jahre lang von Lager zu Lager, von Auswahl zu Auswahl. Und nun, wo das Ende nahe schien, trennte sie das Schicksal. Schon in meiner Nähe flüsterte er:

„Es muß unterwegs passiert sein, wir müssen uns beim Marsch aus den Augen verloren haben. Ich war etwas zurückgeblieben, weil ich nicht mehr mitkam. Mein Sohn hat es vermutlich nicht bemerkt. Mehr weiß ich nicht. Wohin ist er nur verschwunden? Wo kann ich ihn finden? Vielleicht habt ihr ihn irgendwo gesehen?"

„Nein, Rabbi Eliahu, ich habe ihn nicht gesehen."

Und Rabbi Eliahu verschwand, wie er gekommen war: wie ein windgepeitschter Schatten.

Er hatte die Tür schon durchschritten, als mir einfiel, daß ich seinen Sohn gesehen hatte, wie er neben mir lief. Ich hatte es völlig vergessen und es Rabbi Eliahu nicht gesagt.

Dann fiel mir etwas anderes ein: Sein Sohn hatte ihn zurückfallen und hinter der Kolonne dreinhinken sehen. Er war vorneweg weitergelaufen und hatte den Abstand zwischen ihnen größer werden lassen.

Ein schrecklicher Gedanke durchzuckte mich: Er hatte sich seines Vaters entledigen wollen! Er hatte gefühlt, daß sein Vater erlahmte, er hatte geahnt, daß dies sein Ende sei und hatte diese Trennung gesucht, um eine Last abzuschütteln, die die Chance des eigenen Überlebens gefährden konnte.

Ich hatte recht daran getan, all das zu vergessen, und war glücklich, daß Rabbi Eliahu seinen geliebten Sohn weitersuchte.

Gegen meinen Willen erhob sich ein Gebet in meinem Herzen zu jenem Gott, an den ich nicht mehr glaubte.

„Mein Gott, Herr der Welt, gib mir die Kraft, nie zu tun, was Rabbi Eliahus Sohn getan hat."

Draußen im Hof, wo die Nacht eingefallen war, ertönten Rufe, Befehle der SS. Antreten zum Abmarsch!

Wir marschierten weiter. Die Toten blieben im Hof, unter dem Schnee, wie treue, erschlagene Wächter ohne Grab. Kein Mensch hatte das Totengebet für sie gesprochen. Ohne eine Träne gaben die Söhne die sterblichen Reste ihrer Väter auf.

Unterwegs schneite es, es schneite ohne Unterlaß. Es ging langsamer vorwärts, selbst die Wärter schienen erschöpft. Mein verwundeter Fuß tat nicht mehr weh, er mußte völlig abgefroren sein, er war für mich verloren, dieser Fuß. Er hatte sich von meinem Körper wie ein Wagenrad von seinem Wagen gelöst. Um so besser. Ich mußte mich damit abfinden, daß ich mit einem Bein leben würde. Wichtig war nur, nicht daran zu denken, jedenfalls in diesem Augenblick, und diese Gedanken einer späteren Gelegenheit zu überlassen.

Unsere Marschkolonne hatte jeden Anschein von Disziplin verloren. Ein jeder schleppte sich dahin, wie er konnte und wollte. Man hörte keine Schüsse mehr. Auch unsere Beschützer mußten müde sein.

Aber der Tod brauchte keine Hilfe mehr. Gewissenhaft tat die Kälte ihren Dienst. Bei jedem Schritt brach einer zusammen und hörte auf zu leiden.

Von Zeit zu Zeit fuhren SS-Offiziere auf Motorrädern die Kolonne ab, um die wachsende Apathie aufzurütteln:

„Durchhalten! Wir sind gleich da."

„Mut, Mut! Es fehlen nur noch ein paar Stunden!"

„Wir sind bald in Gleiwitz!"

Obgleich diese Ermutigungen aus dem Munde unserer Schergen kamen, taten sie uns wohl. Jetzt, so kurz vor dem Ende, so nah am Ziel, wollte keiner mehr aufgeben. Unsere Augen suchten den Horizont nach dem Stacheldraht von Gleiwitz ab. Unser einziger Wunsch war, so rasch wie möglich anzukommen.

Die Nacht brach ein, der Schneefall ließ nach. Wir mußten noch einige Stunden Marsch zurücklegen, bevor wir ankamen. Wir gewahrten das Lager erst, als wir vor seinem Tor standen.

Kapos verteilten uns rasch auf die Baracken. Man drängte und stieß sich, als ob dies die ersehnteste Zuflucht und die Türe zur Freiheit sei. Man trat über schmerzverkrümmte Leiber, man zertrampelte zerrissene Gesichter. Keine Schreie, nur Seufzer waren zu vernehmen. Auch mein Vater und ich wurden von der hinter uns dreinstürmenden Flutwelle umgerannt. Unter unseren Füßen keuchte einer:

„Ihr tretet mich tot . . . Erbarmen!"

Eine Stimme, die mir nicht unbekannt war.

„Ihr zertrampelt mich . . . Erbarmen! Erbarmen!"

Es war dieselbe erloschene Stimme, dasselbe Röcheln, das ich schon irgendwo gehört hatte, eine Stimme, die eines Tages zu mir gesprochen hatte. Aber wo und wann? War es Jahre her? Nein, es konnte nur im Lager gewesen sein.

„Erbarmen!"

Ich fühlte, daß ich ihn tottrat und ihm den Atem nahm. Ich wollte aufstehen, ich tat alles, um mich zu lösen, um ihm das Atmen zu ermöglichen. Ich stöhnte jedoch selbst unter dem Gewicht anderer und keuchte schwer. Ich grub daher meine Nägel in unbekannte Gesichter und biß um mich, um mir Luft zu machen. Aber kein Mensch schrie auf.

Plötzlich erinnerte ich mich. Juliek! Der Junge aus Warschau, der in der Musikkapelle von Buna mitspielte . . .

„Bist du's, Juliek?"

„Elieser . . . die fünfundzwanzig Peitschenhiebe . . . Ja . . . Ich erinnere mich."

Dann schwieg er. Eine Weile sagte er nichts.

„Juliek! Hörst du mich, Juliek?"

„Ja . . .", sagte er mit schwacher Stimme. „Was willst du?"

Er war also nicht tot.

„Wie geht es dir, Juliek?" fragte ich, weniger um eine Antwort zu erhalten, als ihn sprechen, ihn leben zu hören.

„Gut, Elieser ... es geht ... mir fehlt Luft ... müde. Ich habe geschwollene Füße. Es tut gut, auszuruhen, aber meine Geige ..."

Ich dachte, er habe den Verstand verloren. Wozu wollte er seine Violine ausgerechnet hier?

„Was, deine Violine?"

Er hauchte:

„Ich habe ... ich habe Angst ... daß man ... sie zerbricht, ich habe ... meine Violine mit."

Ich konnte nicht antworten. Jemand hatte sich der Länge nach auf mich gelegt und verdeckte mir das Gesicht. Ich konnte nicht mehr atmen. Weder durch den Mund, noch durch die Nase. Der Schweiß rann mir von der Stirne und dem Rücken hinunter. Das war das Ende, das Ende des Weges. Der stille Tod, das Erwürgtwerden. Schreien, zu Hilfe rufen war unmöglich.

Ich versuchte mich meines unsichtbaren Mörders zu entledigen. All mein Lebenswille fuhr in meine Fingernägel. Ich kratzte und kämpfte um eine Kehle voll Luft. Ich verkrampfte mich in ein verfaultes Fleisch, das sich nicht mehr rührte. Ich vermochte mich nicht von der Masse zu befreien, die auf meiner Brust lastete. Wer weiß? Vielleicht war es ein Toter, mit dem ich kämpfte.

Ich werde es nie erfahren. Ich weiß nur, daß es mir gelang, ihn fortzuschieben und mir in die Mauer des Sterbenden ein Loch zu bohren, durch das ich ein wenig Luft trinken konnte.

„Wie fühlst du dich, Vater?" fragte ich, sobald ich ein Wort herausbrachte.

Ich wußte, daß er nicht weit von mir liegen konnte.

„Gut!" antwortete eine ferne Stimme, die aus einer anderen Welt herüberzutönen schien. „Ich versuche zu schlafen."

Er versuchte zu schlafen. Hatte er recht oder unrecht? Konnte man hier überhaupt schlafen? War es nicht gefährlich, seine Wachsamkeit auch nur einen Lidschlag einschläfern zu lassen, wo der Tod jede Sekunde zupacken konnte?

So dachte ich, als ich den Ton einer Violine hörte. Den Klang einer Geige in der stockfinsteren Baracke, wo die Toten auf den Lebenden lagen. Wer war der Narr, der hier, am Rande seines eigenen Grabes, Geige spielte? Oder war es eine Sinnestäuschung?

Es mußte Juliek sein.

Er spielte einen Satz aus einem Beethovenkonzert. Nie hatte ich so reine Töne vernommen. Und in solcher Stille!

Wie war es ihm gelungen, sich loszumachen? Sich unter meinem Körper freizuarbeiten, ohne daß ich es merkte?

Es herrschte vollkommene Dunkelheit. Ich hörte nur die Geige, und es war, als diene Julieks Seele als Bogen. Er spielte sein Leben. Sein ganzes Leben glitt über die Saiten. Seine begrabene Hoffnung. Seine veraschte Vergangenheit, seine erloschene Zukunft. Er spielte, was er nie mehr spielen würde.

Ich werde Juliek nie vergessen. Wie könnte ich ein Konzert vergessen, das vor Sterbenden und Toten gegeben wurde! Noch heute, wenn ich Beethoven höre, schließen sich meine Augen, und der Dunkelheit entsteigt das bleiche, traurige Antlitz meines polnischen Kameraden, der von einer Hörerschaft Sterbender Abschied auf der Geige nahm.

Ich weiß nicht, wie lange er spielte. Der Schlaf übermannte mich. Als ich bei Tagesanbruch erwachte, erblickte ich Juliek, der mir gegenüber verkrümmt dalag, tot. Neben ihm lag seine Violine, zertreten, zertrampelt, eine kleine, wunderliche, erschütternde Leiche.

Drei Tage blieben wir in Gleiwitz. Drei Tage ohne zu essen und zu trinken. Wir durften die Baracke nicht verlassen. SS-Männer bewachten die Tore.

Ich hatte Hunger und Durst. Nach dem Anblick der anderen zu schließen, mußte ich reichlich schmutzig und zerschlissen aussehen. Das aus Buna mitgebrachte Brot war längst aufgezehrt, verschlungen. Und wer weiß, wann wir eine neue Ration bekommen würden?

Die Front verfolgte uns. Von neuem rollte der Kanonendonner in aller Nähe. Wir hatten jedoch nicht mehr die Kraft und den Mut, mit dem Gedanken zu spielen, daß den Nazis keine Zeit mehr verbleiben würde, uns zu evakuieren, und daß die Russen bald hier sein würden.

Hingegen erfuhren wir, daß wir weit ins Innere Deutschlands deportiert werden sollten.

Am dritten Tag, gegen Morgen, jagte man uns aus den Baracken. Ein jeder warf sich ein paar Decken wie Gebetsmäntel über die Schultern. Man führte uns vor ein Tor, das das Lager in zwei Teile teilte. Dort stand eine Gruppe SS-Offiziere. Ein Raunen durcheilte unsere Reihen: eine Auswahl!

Die SS-Offiziere nahmen die Teilung vor. Die Schwachen: links. Die gut marschieren konnten: rechts.

Mein Vater wurde nach links geschickt. Ich lief hinter ihm her. Ein SS-Offizier brüllte hinter meinem Rücken:

„Komm zurück!"

Ich schlüpfte durch die Reihen der anderen. Mehrere SS-Männer stürzten hinter mir her und verursachten ein derartiges Durcheinander, daß viele Leute von links nach rechts hinüberlaufen konnten – darunter mein Vater und ich. Freilich fielen ein paar Schüsse, und ein paar Leute fielen tot um.

Man führte uns aus dem Lager ins Freie. Nach einer halben Marschstunde gelangten wir in die Mitte eines durch Schienen aufgeteilten Lagers. Hier sollten wir auf den Zug warten.

Dicht fiel der Schnee. Es war verboten, sich zu setzen oder sich von der Stelle zu rühren.

Bald bildete der Schnee eine dicke Schicht auf unseren Decken. Die übliche Brotration wurde verteilt und gierig verschlungen. Jemand kam auf den Einfall, seinen Durst mit Schnee zu stillen, und fand bald zahlreiche Nachahmer. Da es nicht erlaubt war, sich zu bücken, zog jeder seine Löffel aus der Tasche und löffelte den auf dem Rücken seines Nachbarn angesammelten Schnee, je einen Bissen Brot, je einen Löffel Schnee.

Das verursachte Gelächter unter den SS-Männern, die das Schauspiel betrachteten.

Die Stunden vergingen. Unsere Augen waren vom langen Absuchen des Horizonts nach dem Befreiungszug müde geworden. Erst spät am Abend traf der aus dachlosen Viehwagen bestehende überlange Zug ein. Die SS stieß uns hinein, je hundert Mann in einen Wagen. Wir waren ja so abgemagert! Endlich war die Verladung beendet, und der Zug setzte sich in Bewegung.

Aneinandergedrängt, um der Kälte besser widerstehen zu können, der Kopf leer und schwer zugleich, im Gehirn ein Wirbel verschimmelter Erinnerungen. Die Gleichgültigkeit betäubte die Sinne. Ob wir hier waren oder anderswo, heute oder morgen verreckten – was machte es schon aus? Die Nacht zog sich in die Länge, in eine Länge, die nicht enden wollte.

Als endlich am Horizont ein grauer Strich erschien, enthüllte er mir ein Wirrwarr von menschlichen Gestalten mit eingezogenen Köpfen, zusammengekauert, ineinander-, übereinandergedrängt wie eine Fläche staubbedeckter Grabsteine im ersten Dämmerlicht. Ich versuchte zu unterscheiden, wer noch lebte und wer nicht. Es gab aber keinen Unterschied mehr. Mein Blick blieb lange an einem haften, der mit offenen Augen ins Leere starrte. Sein aschfahles Gesicht war dick mit Reif und Schnee bedeckt.

Mein Vater stand, in seine Decke gehüllt, verkrümmt neben mir, auf seinen Schultern lastete Schnee. Ob auch er tot war? Ich rief ihn an. Keine Antwort. Ich hätte geschrien, wenn ich dazu fähig gewesen wäre. Er rührte sich nicht.

Plötzlich durchzuckte mich die Erkenntnis: Er hatte keinen Grund mehr zu leben, keinen Grund mehr zu kämpfen.

Der Zug hielt mitten in einem verlassenen Lager an, und der plötzliche Ruck weckte einige Schläfer, die sich aufrichteten und verwundert umherblickten.

Draußen rannten die SS-Männer brüllend vorbei:

„Werft die Toten raus! Alle Leichname rauswerfen!"

Die Lebenden freuten sich, auf diese Weise mehr Platz zu bekommen. Freiwillige machten sich an die Arbeit und tasteten die ab, die noch immer zusammengekauert waren.

„Hier ist einer! Packt ihn!"

Man entkleidete ihn, und die Überlebenden teilten sich gierig in seine Kleider, dann packten ihn zwei „Totengräber" am Kopf und an den Füßen und warfen ihn wie einen Mehlsack aus dem Wagen.

Immer wieder ertönte da und dort der Ruf:

„Hier, wieder einer! Mein Nachbar!Er rührt sich nicht mehr."

Ich entriß mich erst meiner Apathie, als zwei Männer auf meinen Vater zugingen, und warf mich auf seinen Körper. Er war kalt. Ich gab ihm Ohrfeigen, ich rieb ihm die Hände und schrie dabei:

„Vater, Vater! Wach auf! Man will dich aus dem Wagen werfen."

Sein Leib war jedoch unbeweglich.

Die beiden Totengräber packten mich am Kragen:

„Laß ihn! Du siehst doch, daß er tot ist!"

„Nein!" schrie ich. „Er ist nicht tot! Noch nicht!"

Von neuem schlug ich mit verstärkter Kraft auf ihn ein. Nach einer kleinen Weile öffnete mein Vater über glasigen Augen die Lider und atmete schwach:

„Seht ihr!" rief ich.

Die beiden Männer entfernten sich.

Man lud etwa zwanzig Leichname aus unserem Wagen. Dann fuhr der Zug weiter und ließ einige hundert nackte Waisen ohne Grab in einem verschneiten polnischen Lager zurück.

Wir erhielten keinen Proviant. Statt von Brot lebten wir von Schnee. Die Tage glichen den Nächten, und die Nächte ließen in unseren Seelen die Hefe ihrer Finsternis zurück. Der Zug fuhr langsam, hielt oft einige Stunden und fuhr dann weiter. Es schneite ununterbrochen. Tage und Nächte hindurch hockten wir wortlos aufeinander. Wir waren nur noch eisgekühlte Körper. Mit geschlossenen Lidern warteten wir nur auf den nächsten Halt, um unsere Toten ausladen zu können.

Zehn Tage, zehn Nächte Reise. Manchmal, meist morgens, fuhren wir durch deutsche Ortschaften. Arbeiter blieben auf dem Weg zur Arbeit stehen und blickten uns kaum verwundert nach.

Als wir einmal anhielten, zog ein Arbeiter ein Stück Brot aus seinem Brotbeutel und warf es in einen Wagen, was einen Aufruhr verursachte. Dutzende von Ausgehungerten brachten sich gegenseitig für ein paar Krumen um. Gebannt schauten die deutschen Arbeiter diesem Schauspiel zu.

Jahre später wohnte ich in Aden einem ähnlichen Schauspiel bei. Die Passagiere unseres Schiffes belustigten sich damit, den „Eingeborenen" Münzen ins Wasser zu werfen, nach denen diese tauchten. Eine aristokratisch aussehende Pariserin empfand besonderes Vergnügen bei diesem Spiel.

Plötzlich sah ich zwei Kinder, die sich auf Leben und Tod balgten, wobei das eine das andere zu erdrosseln suchte.

„Ich flehe Sie an, gnädige Frau, werfen Sie keine Münze mehr hinunter!" bat ich die Dame.

„Warum denn nicht?" antwortete sie. „Ich tue gern Gutes."

In dem Viehwagen, in den das Stück Brot gefallen war, entstand eine wahre Schlacht. Man stürzte aufeinander los, trat, zerfleischte und zerbiß sich gegenseitig – entfesselte Raubtiere mit haßverzerrtem Blick, denen eine plötzliche, ungewöhnliche Lebenskraft Zähne und Klauen gewetzt hatte.

Eine Schar von Arbeitern und Gaffern lief am Zug zusammen. Vermutlich hatten sie noch nie einen derartigen Güterzug gesehen. Bald flogen an vielen Stellen Brotstücke in die Waggons, und die Zuschauer schauten den ausgemergelten Gestalten zu, die wegen eines Bissen Brotes einander den Garaus machten.

Ein Brocken fiel auch in unseren Wagen. Ich beschloß, mich nicht zu regen. Im übrigen wußte ich, daß ich nicht die Kraft haben würde, gegen Dutzende von wahnsinnig gewordenen Menschen zu kämpfen! Nicht weit von mir entdeckte ich einen Greis, der auf allen Vieren aus dem Handgemenge flüchtete und eine Hand zum Herzen führte. Zuerst glaubte ich, er habe einen Hieb gegen die Brust erhalten. Dann begriff ich: Er hatte ein Stück Brot unter seiner Jacke. Mit unglaublicher Geschwindigkeit zog er es hervor und führte es zum Munde. Seine Augen leuchteten, ein grimassenhaftes Lächeln erhellte sein Totengesicht und erlosch alsbald. Ein Schatten hatte sich neben ihn gelegt und warf sich über ihn. Außer sich schrie der Greis unter einem Hagel von Schlägen:

„Meir, mein kleiner Meir! Erkennst du mich nicht? Ich bin dein Vater ... Du tust mir weh ... du mordest deinen Vater ... Ich habe Brot ... auch für dich ... auch für dich ..."

Er brach zusammen. Noch hielt seine Faust ein Stückchen Brot fest, das er an die Lippen führen wollte. Aber der andere stürzte sich auf ihn und entriß es ihm. Der Greis murmelte noch etwas, stieß ein Röcheln aus und starb in der allgemeinen Gleichgültigkeit. Sein Sohn durchsuchte ihn, nahm das Stück Brot und begann es zu verschlingen. Aber nur einen Augenblick. Zwei Männer, die ihn kauen sahen, überfielen ihn, andere sprangen herzu. Als sie sich voneinander lösten, lagen zwei Tote neben mir, Vater und Sohn. Ich war fünfzehn Jahre alt.

Im gleichen Wagen fuhr ein Freund meines Vaters, Meir Katz, der in Buna als Gärtner gearbeitet und uns von Zeit zu Zeit eine Handvoll Gemüse gebracht hatte. Weniger schlecht ernährt als wir alle, hatte er die Haft besser ertragen. In Anbetracht seiner verhältnismäßig guten körperlichen Verfassung hatte man ihn zum Wagenwart gewählt.

In der dritten Reisenacht wachte ich plötzlich auf, weil ich zwei Hände an meiner Gurgel fühlte. Ich hatte gerade noch Zeit „Vater“ zu rufen.

Nur dieses eine Wort. Ich drohte zu ersticken. Aber mein Vater fuhr auf und packte meinen Angreifer. Zu schwach, um ihn zu bezwingen, kam ihm der glückliche Gedanke, Meir Katz zu Hilfe zu rufen:

„Komm rasch! Man erdrosselt meinen Sohn!“

Wenige Sekunden danach war ich befreit. Ich habe nie erfahren, was jenen Menschen veranlaßt hatte, mich erwürgen zu wollen.

Aber einige Tage später wandte sich Meir Katz an meinen Vater:

„Chlomo, ich werde schwach. Meine Kräfte lassen nach. Ich werde kaum durchhalten ...“

„Reiß' dich zusammen“, suchte mein Vater ihn zu ermutigen. „Du mußt durchhalten! Du darfst das Selbstvertrauen nicht verlieren!“

Aber Meir Katz stöhnte nur dumpf:

„Ich kann nicht mehr, Chlomo! Was soll ich machen? Ich kann nicht mehr ...“

Mein Vater packte ihn am Arm. Und Meir Katz, der Starke, der Widerstandsfähigste von uns allen, weinte. Gleich die erste Auswahl hatte ihm den Sohn entrissen, und erst jetzt kamen ihm die Tränen. Erst jetzt brach er zusammen. Er konnte nicht mehr, er war am Ende seiner Kraft.

Am letzten Reisetag kam ein furchtbarer Sturm auf, und noch immer fiel der Schnee. Man fühlte das Ende, das wahre Ende nahen. In diesem eisigen Wind, in diesem Orkan hielt man es nicht lange aus.

Einer stand auf und rief:

„Bleibt bei diesem Wetter nicht sitzen! Wir werden zu Eis erstarren. Steht auf, alle, und bewegt euch ...“

Wir standen auf. Jeder zog seine durchnäßte Decke enger um sich. Wir bemühten uns, ein paar Schritte zu machen und uns auf der Stelle zu bewegen.

Plötzlich ertönte im Waggon ein Schrei, der Schrei eines waidwunden Tieres. Jemand hatte soeben seine Seele ausgehaucht.

Andere, die gleichfalls im Begriff waren zu sterben, ahmten seinen Schrei nach. Und ihre Schreie schienen aus dem Jenseits zu kommen. Bald schrien alle. Klagen, Seufzen, Verzweiflungsrufe in Sturm und Schnee.

Die Hysterie griff auf die anderen Wagen über. Bald erhoben sich Hunderte von Schreien zugleich, ohne zu wissen, gegen wen, ohne zu wissen, warum. Es war das Todesröcheln eines ganzen Eisenbahnzuges, der das Ende nahen fühlte. Ein jeder von uns würde hier zugrunde gehen. Alle Grenzen waren überschritten. Niemand hatte noch Kraft. Und die Nacht wollte nicht enden.

Meir Katz stöhnte:

„Warum erschießt man uns nicht auf der Stelle?"

Am selben Abend kamen wir an unserem Bestimmungsort an. Es war tiefe Nacht. Bewachungspersonal lud uns aus. Die Toten wurden in den Waggons gelassen. Nur, wer sich noch auf den Beinen halten konnte, durfte aussteigen.

Meir Katz blieb im Zug. Der letzte Tag war der mörderischste gewesen. Hundert hatten den Wagen bestiegen, etwa zwölf stiegen aus, darunter mein Vater und ich.

Wir waren in Buchenwald angekommen.

Am Lagereingang erwartete uns die SS. Wir wurden abgezählt und zum Appellplatz geführt. Lautsprecher bellten die Befehle: „Antreten in Fünferreihen." „In Gruppen zu hundert." „Fünf Schritte vor."

Ich packte meinen Vater an der Hand. Es war die alte, vertraute Angst: nur ihn nicht verlieren.

In nächster Nähe ragte der Schornstein der Gaskammer, aber er schreckte uns nicht mehr, sondern zog nur unsere Aufmerksamkeit auf sich.

Ein Veteran von Buchenwald sagte, wir würden eine Dusche bekommen und dann auf die Blocks verteilt werden. Der Gedanke an eine heiße Dusche war betörend. Mein Vater schwieg und atmete schwer neben mir.

„Vater", sagte ich, „nur noch einen Augenblick.

Dann werden wir schlafen können, in einem richtigen Bett. Du wirst ausruhen können ..."

Er antwortete nicht. Ich war selbst so erschöpft, daß sein Schweigen mich gleichgültig ließ. Ich hegte den einzigen Wunsch, so rasch wie möglich eine Dusche zu nehmen und ins Bett zu sinken.

Es war jedoch nicht leicht, zu den Duschen zu gelangen. Hunderte von Gefangenen drängten sich dorthin, und den Wärtern gelang es nicht, Ordnung zu schaffen. Ohne sichtbares Ergebnis teilten sie nach allen Seiten Prügel aus. Andere, die weder die Kraft hatten, sich durchzudrücken noch sich auf den Füßen zu halten, hockten sich in den Schnee. Mein Vater wollte es ihnen gleichtun. Er stöhnte:

„Ich kann nicht mehr ... Es ist aus ... Ich sterbe ..."

Er zog mich zu einem Schneehügel, aus dem Menschenleiber und Fetzen von Decken herausragten.

„Laß mich", bat er. „Ich kann nicht mehr ... Hab' Mitleid mit mir ... Ich warte hier, bis man uns ins Bad läßt ... Du holst mich, wenn es soweit ist."

Ich hätte heulen können vor Wut. Sollte ich meinen Vater sterben, kläglich verenden lassen, jetzt, wo wir soviel durchlebt und durchlitten hatten? Jetzt, wo uns ein heißes Bad und ein Bett winkten?

„Vater!" brüllte ich. „Vater! Steh auf! Sofort! Du willst dich wohl umbringen ..."

Ich packte ihn am Arm. Er aber seufzte nur weiter:

„Schrei nicht, mein Sohn ... Habe Mitleid mit deinem alten Vater ... Laß mich hier ausruhen ... Nur ein wenig ... Ich fleh' dich an, ich bin so müde ... am Ende meiner Kräfte ..."

Er war wie ein Kind geworden: schwach, ängstlich, verletzlich.

„Vater", antwortete ich, „du kannst nicht hier bleiben." Ich deutete auf die Leichen ringsum: „Auch die haben nur ein bißchen ausruhen wollen ..."

„Ich sehe sie, mein Sohn, ich sehe sie gut. Laß sie schlafen. Sie haben die Augen so lange nicht mehr zugemacht. Sie sind erschöpft ... erschöpft ..."

Seine Stimme war zärtlich.

Ich schrie in den Wind hinein:

„Sie stehen nie mehr auf, nie mehr! Verstehst du?"

So stritten wir eine Weile. Ich fühlte, daß ich nicht mit ihm stritt, sondern mit dem Tod selbst, mit dem Tod, den er schon gewählt hatte.

Die Sirenen begannen zu heulen. Fliegeralarm. Im ganzen Lager gingen die Lampen aus. Die Wärter trieben uns in die Blocks. Im Handumdrehen war kein Mensch mehr auf dem Appellplatz zu sehen. Wir waren nur zu froh, nicht mehr in dem eisigen Wind stehen zu müssen. Wir ließen uns auf die Pritschen fallen, von denen mehrere übereinanderstanden. Die gefüllten Suppenkessel am Eingang fanden keine Liebhaber. Nur schlafen wollte ein jeder, nichts anderes.

Es war hellichter Tag, als ich erwachte. Jetzt erinnerte ich mich daran, daß ich einen Vater hatte. Vom Alarmzeichen an war ich der Menge nachgelaufen, ohne mich um ihn zu kümmern. Ich wußte, daß er am Ende seiner Kräfte, am Rand des Todeskampfes war, und trotzdem hatte ich ihn verlassen.

Ich machte mich auf die Suche nach ihm.

Aber im selben Augenblick erwachte der Gedanke in mir:

„Wenn ich ihn nicht finde! Wenn ich dieses tote Gewicht loswürde, damit ich mit allen Kräften für mein eigenes Überleben kämpfen könnte und mich nur noch um mich zu kümmern brauchte!" Und schon empfand ich Scham, Scham für das Leben, Scham um meinetwillen.

Stundenlang wanderte ich umher, ohne ihn zu finden. Dann kam ich an einen Block, wo man schwarzen „Kaffee" ausschenkte. Man drängte sich in einer Schlange, man balgte sich.

Eine klagende, flehende Stimme tönte hinter mir:

„Elieser, mein Sohn . . . bring' mir etwas Kaffee . . ."

Ich lief zu ihm.

„Vater! Ich habe dich so lange gesucht ... Wo warst du? Hast du geschlafen? Wie fühlst du dich?"

Er war fieberheiß. Wie ein wildes Tier bahnte ich mir einen Weg zum Kaffeekessel und erkämpfte mir einen Becher. Ich trank einen Schluck und hob den Rest für ihn auf. Ich werde nie die Dankbarkeit vergessen, die in seinen Augen aufleuchtete, als er das Gebräu hinunterstürzte. Es war die Dankbarkeit eines Tieres. Mit diesen wenigen Schlucken heißen Kaffees machte ich ihn sicherlich glücklicher als ich es in meiner ganzen Kindheit vermocht hatte.

Er lag auf der Pritsche, grau, mit bleichen, ausgetrockneten Lippen und schüttelte sich. Ich konnte jedoch nicht bei ihm bleiben, weil Befehl erteilt worden war, die Säle für die Reinigung zu räumen. Nur die Kranken durften bleiben.

Wir blieben etwa fünf Stunden im Freien, wo man uns die Suppe ausschöpfte. Als man uns erlaubte, in die Blocks zurückzugehen, lief ich zu meinem Vater:

„Hast du gegessen?"

„Nein."

„Warum nicht?"

„Man hat uns nichts gegeben ... Man hat uns gesagt, daß wir krank seien, daß wir ohnehin bald sterben würden und daß es schade sei, den Proviant zu vergeuden ... Ich kann nicht mehr ..."

Ich gab ihm, freilich schweren Herzens, was von meiner Suppe übriggeblieben war. Ich fühlte, daß ich die paar Löffel unwillig abgab. Ich hatte die Probe genauso wenig bestanden wie Rabbi Eliahus Sohn.

Mein Vater wurde von Tag zu Tag schwächer, sein Blick verschleierte sich zusehends, und das Gesicht nahm die Farbe von welkem Laub an. Am dritten Tag nach unserer Ankunft in Buchenwald mußten wir alle zur Dusche gehen, selbst die Kranken, die zuletzt an die Reihe kamen.

Nach der Rückkehr von der Dusche mußten wir lange draußen warten, weil die Reinigung der Säle noch nicht beendet war.

Als ich meinen Vater in der Ferne erblickte, lief ich

ihm entgegen. Wie ein Schatten glitt er an mir vorüber, ohne stehenzubleiben, ohne mich anzublicken. Ich rief ihn an, aber er drehte sich nicht um. Ich lief ihm nach:

„Vater, wohin rennst du?“

Er sah mich einen Augenblick an; sein Blick war entrückt, wie trunken, es war der Blick eines anderen. Einen Lidschlag lang blieb er stehen, dann lief er weiter.

Mein Vater lag mit Ruhr in seiner Box, und fünf andere mit ihm. Ich saß an seinem Bettrand, wachte bei ihm und wagte nicht mehr, an sein Überleben zu glauben. Trotzdem tat ich alles, um ihm Hoffnung einzuflößen.

Plötzlich setzte er sich auf seiner Bettstatt auf und drückte seine fieberheißen Lippen an mein Ohr:

„Elieser . . . ich muß dir sagen, wo das Gold und das Silber ist, das ich vergraben habe . . . im Keller, weißt du, wo . . .?“

Er sprach immer rascher, als fürchtete er, nicht mehr genug Zeit zu haben. Ich versuchte ihm zu erklären, daß noch nicht alles verloren sei, daß wir zusammen nach Hause zurückkehren würden, aber er wollte nichts davon wissen. Ich konnte nicht mehr zuhören. Er war erschöpft. Blutiger Speichel lief ihm aus den Mundwinkeln. Er schloß die Lider, sein Atem ging keuchend.

Für eine Ration Brot gelang es mir, meine Bettstatt mit einem Häftling dieses Blocks zu tauschen. Nachmittags kam der Arzt. Ich wollte ihm sagen, daß mein Vater sehr krank sei.

„Führ' ihn her!“

Ich erklärte ihm, daß er sich nicht mehr auf den Beinen halten könne. Aber der Arzt wollte davon nichts wissen. Er musterte ihn und fragte darauf trocken:

„Was willst du?“

„Mein Vater ist krank“, antwortete ich für ihn. „Er hat Ruhr . . .“

„Ruhr? Das geht mich nichts an. Ich bin Chirurg. Los! Macht Platz für die anderen!"

Mein Einspruch nützte nichts.

„Ich kann nicht mehr, mein Sohn ... Führ' mich wieder in die Box."

Ich geleitete ihn hin und half ihm, sich hinzulegen. Er zitterte am ganzen Leib.

„Versuch' ein wenig zu schlafen, Vater. Versuch', einzuschlafen ..."

Sein Atem ging schwer und sperrig. Er hielt die Lider geschlossen. Aber ich war überzeugt, daß er alles sah, daß er jetzt die Wahrheit aller Dinge sah.

Ein anderer Arzt betrat den Block. Aber mein Vater wollte nicht mehr aufstehen, er wußte, daß es nutzlos sein würde.

Im übrigen kam dieser Arzt nur, um die Kranken zu erledigen. Ich hörte ihn schreien, sie seien Faulpelze, die nur im Bett bleiben wollten.

Einen Augenblick dachte ich daran, ihm an den Hals zu springen und ihn zu erwürgen. Aber ich hatte weder den Mut noch die Kraft dazu. Ich war an den Todeskampf meines Vaters gefesselt. Meine Hände waren so verkrampft, daß sie schmerzten. Den Arzt und die anderen erwürgen! Die Welt in Brand stecken! Mörder meines Vaters! Aber der Schrei blieb in der Kehle stekken.

Von der Brotausgabe zurückkehrend, fand ich meinen Vater in Tränen wie ein Kind.

„Mein Sohn, sie schlagen mich!"

„Wer?"

Ich glaubte, er sei im Delirium.

„Er, der Franzose ... Und der Pole ... Sie haben mich geschlagen."

Noch eine Wunde im Herzen, noch einen Haß mehr, noch einen Grund weniger, zu leben.

„Elieser ... Elieser ... sag' ihnen, sie sollen mich nicht schlagen ... Ich habe ihnen doch nichts getan ... Warum schlagen sie mich ...?"

Ich begann auf seine Nachbarn einzuschimpfen. Sie

lachten mich nur aus. Ich versprach ihnen Brot und Suppe. Sie lachten nur. Dann wurden sie zornig und sagten, sie könnten meinen Vater nicht mehr ertragen, der nicht mehr aufstehen könne, um draußen seine Notdurft zu verrichten.

Am nächsten Morgen klagte er, man habe ihm seine Brotration gestohlen.

„Während du schliefst?"

„Nein, ich schlief nicht. Sie haben mich überfallen und mir mein Brot aus der Hand gerissen ... Sie haben mich noch einmal verprügelt ... Ich kann nicht mehr, mein Sohn ... Wasser, bitte etwas Wasser ..."

Ich wußte, daß er nicht trinken durfte. Aber er bettelte so lange, bis ich nachgab. Wasser war Gift für ihn, aber was konnte ich sonst für ihn tun? Mit oder ohne Wasser ging es ohnehin bald mit ihm zu Ende ...

„Hab du wenigstens Erbarmen mit mir ..."

Erbarmen mit ihm haben! Ich, sein einziger Sohn!

So verstrich eine Woche.

„Ist das dein Vater?" fragte mich der Blockälteste.

„Ja."

„Er ist schwerkrank."

„Der Arzt will nichts für ihn tun."

Er sah mir in die Augen:

„Der Arzt kann nichts mehr für ihn tun, und du auch nicht."

Er legte seine schwere, behaarte Hand auf meine Schultern und fügte hinzu:

„Hör mich an, Kleiner. Vergiß nicht, daß du in einem Konzentrationslager bist. Hier muß jeder für sich kämpfen und darf nicht an die anderen denken. Nicht einmal an seinen eigenen Vater. Hier gibt es weder Vater noch Bruder noch Freund. Hier lebt und stirbt jeder für sich. Ich gebe dir einen guten Rat: Gib deinem alten Vater keine Brot- oder Suppenration mehr. Für ihn kannst du nichts mehr tun. Und du mordest dich dabei nur selbst. Du müßtest im Gegenteil auch seine Ration essen ..."

Ich hörte ihn an, ohne ihn zu unterbrechen. Er hatte recht, dachte ich insgeheim, ohne es mir eingestehen zu wollen. Zu spät, deinen alten Vater zu retten, sagte ich mir. Statt dessen könntest du zwei Rationen Brot, zwei Teller Suppe haben ...

Ich dachte es nur den Bruchteil einer Sekunde, und doch fühlte ich mich schuldig. Ich lief und holte ein paar Löffel Suppe und gab sie meinem Vater. Aber er zeigte kein Verlangen danach, er wollte nur Wasser.

„Trink kein Wasser, iß die Suppe ..."

„Ich verbrenne ... Warum bist du so böse mit mir, mein Sohn ...? Wasser ..."

Ich brachte ihm Wasser. Dann verließ ich den Block, um anzutreten, machte jedoch auf halbem Wege kehrt und legte mich auf die Pritsche über ihm. Die Kranken durften ja im Block bleiben. Ich war also krank. Ich wollte meinen Vater unter keinen Umständen verlassen.

Bis auf das Stöhnen herrschte ringsum tiefe Stille. Draußen riefen die SS-Männer Befehle. Dann schritt ein Offizier die Betten ab. Mein Vater flehte:

„Mein Sohn, Wasser ... Ich verbrenne ... Mein Bauch ..."

„Ruhe, dort!" brüllte ein Offizier.

„Elieser", rief mein Vater in einem fort. „Wasser ..."

Der Offizier trat heran und schrie, er solle den Mund halten. Aber mein Vater hörte ihn nicht und rief in einem fort. Der Offizier schlug ihm mit seinem Knüppel auf den Kopf.

Ich rührte mich nicht. Ich fürchtete, mein Körper fürchtete, auch einen Schlag zu bekommen.

Nun röchelte mein Vater, und ich hörte meinen Namen:

„Elieser."

Ich sah ihn noch stoßweise atmen und rührte mich nicht.

Als ich nach dem Appell von meiner Pritsche stieg, konnte ich noch seine zitternden Lippen murmeln sehen. Über ihn gebeugt, betrachtete ich ihn eine gute

Stunde lang, um sein blutüberströmtes Gesicht, seinen zerschmetterten Schädel im Gedächtnis zu bewahren.

Dann war Nachtruhe, und ich kletterte auf meine Pritsche über meinem Vater, der noch immer lebte. Es war der 28. Januar 1945.

Am 29. Januar erwachte ich im Morgengrauen. An Stelle meines Vaters lag ein anderer Kranker auf der Pritsche unter mir. Vermutlich hatte man ihn vor Tagesanbruch in die Gaskammer gebracht. Vielleicht atmete er noch . . .

Es wurden keine Gebete über seinem Grab gesprochen, zu seinem Andenken wurde keine Kerze entzündet. Sein letztes Wort war mein Name gewesen. Ein Ruf, den ich nicht beantwortet hatte.

Ich weinte nicht, und es tat mir weh, nicht weinen zu können. Aber ich hatte keine Tränen mehr. Hätte ich mein schwaches Gewissen bis ins Tiefste erforscht, vielleicht hätte ich dort etwas wie das Wörtchen „endlich frei!" entdeckt . . .

Ich sollte bis zum 11. April in Buchenwald bleiben, eine Zeitspanne, die ich übergehen will, weil sie für mich nichts mehr bedeutete. Denn seit dem Tode meines Vaters berührte mich nichts mehr.

Ich wurde in den Block der Jugendlichen versetzt, wo wir etwa sechshundert waren.

Mittlerweile rückte die Front näher.

Ich verbrachte meine Tage in völliger Untätigkeit und dachte nur ans Essen, nicht mehr an meinen Vater, auch nicht an meine Mutter.

Von Zeit zu Zeit träumte ich. Von einem Löffel Suppe, von einem zweiten Teller Suppe.

Am 5. April drehte sich das Rad der Geschichte um einhundertachtzig Grad.

Es war später Nachmittag. Wir waren alle im Block angetreten und warteten darauf, daß ein SS-Mann zum Abzählen kam.

Er ließ jedoch auf sich warten. Kein Buchenwäldler

hatte je eine derartige Verzögerung erlebt. Daher mußte etwas vorgefallen sein.

Zwei Stunden später gaben die Lautsprecher einen Befehl des Lagerchefs durch: Alle Juden sollten auf den Appellplatz kommen.

Das war das Ende! Hitler hatte sein Versprechen gehalten.

Die Jugendlichen unseres Blocks gingen also zum Appellplatz. Etwas anderes kam nicht in Frage, denn Gustav, der Blockälteste, ließ seinen Prügel sprechen. Unterwegs trafen wir jedoch Häftlinge, die uns zuflüsterten:

„Los, geht in euren Block zurück. Die Deutschen wollen euch erschießen. Lauft zurück und rührt euch nicht."

So gingen wir zurück und erfuhren dabei, daß die Widerstandsgruppe des Lagers beschlossen hatte, die Juden nicht im Stich zu lassen und ihre Liquidierung zu verhindern.

Da es spät wurde und das Durcheinander überhand nahm – zahllose Juden hatten sich als Nichtjuden ausgegeben –, beschloß der Lagerchef, daß am kommenden Tag ein Generalappell stattfinden sollte, bei dem jeder Lagerinsasse erscheinen müsse.

Der Appell fand statt. Der Lagerchef verkündete, daß das Lager Buchenwald aufgelöst werden würde. Zehn Blocks würden täglich evakuiert werden. Von diesem Augenblick an wurde weder Brot noch Suppe verteilt. Die Evakuierung begann. Jeden Tag durchschritten Tausende von Häftlingen das Lagertor und kehrten nicht zurück.

Am 10. April waren wir noch etwa zwanzigtausend Insassen, darunter einige hundert Kinder und Jugendliche. Man beschloß, uns auf einmal bis zum Abend zu evakuieren. Dann sollte das Lager in die Luft fliegen.

In Fünferreihen standen wir auf dem Appellplatz und warteten darauf, daß das Tor sich öffnen würde. Plötzlich heulten die Sirenen. Fliegeralarm. Man wurde in die Blocks zurückgeschickt. An diesem

Abend war es zu spät, uns zu evakuieren, und die Evakuierung wurde auf den kommenden Tag verschoben.

Der Hunger spielte uns übel mit. Seit bald sechs Tagen hatten wir mit Ausnahme von etwas Gras und einigen Kartoffelschalen, die wir rings um die Küchen gefunden hatten, nichts gegessen.

Gegen zehn Uhr morgens schwärmten SS-Männer durchs Lager und trieben die letzten Opfer auf dem Appellplatz zusammen.

Nun beschloß die Widerstandsbewegung in Aktion zu treten. Von allen Seiten tauchten Bewaffnete auf. Trommelfeuer prasselte, Handgranaten platzten. Wir Jugendlichen blieben im Block auf dem Bauch liegen.

Die Schlacht dauerte nicht lange. Gegen Mittag wurde alles ruhig. Die SS floh, und die Widerstandskämpfer übernahmen die Lagerleitung.

Gegen sechs Uhr abends erschien der erste amerikanische Panzerwagen vor den Toren von Buchenwald.

Unsere erste Handlung in der Freiheit: wir stürzten uns auf den Proviant. Man dachte an nichts anderes. Weder an Rache noch an die Eltern. Man dachte nur an Brot.

Auch als der erste Hunger gestillt war, dachte keiner an Rache. Am nächsten Morgen liefen einige junge Leute nach Weimar, um Kartoffeln und Kleider zu erbetteln – und um mit Mädchen zu schlafen. Aber keine Spur von Rache.

Drei Tage nach der Befreiung von Buchenwald wurde ich sehr krank: eine Vergiftung. Ich wurde ins Lazarett gebracht und schwebte zwei Wochen lang zwischen Leben und Tod.

Eines Tages konnte ich mich unter Aufbietung aller Kräfte aufrichten. Ich wollte mich in einem Spiegel sehen, der an der gegenüberliegenden Wand hing. Ich hatte mich seit dem Ghetto nicht mehr gesehen.

Aus dem Spiegel blickte mich ein Leichnam an.

Sein Blick verläßt mich nicht mehr.

Elie Wiesel wurde 1928 in dem kleinen Städtchen Sighet in Siebenbürgen (Rumänien) geboren. Seine Eltern Schlomo und Sarah Wiesel erzogen ihn streng religiös und weihten den Jungen schon früh in die Lehren des Talmud und die Geheimnisse der jüdischen Mystik, der Kabbala, ein. Besonders geliebt und verehrt hat Elie seinen Großvater Dodye Feig. Dieser konnte wunderbar Geschichten erzählen und erschloß dem Jungen von Kindheit an die Welt der chassidischen Legenden.

1944 wurde Elie Wiesel zusammen mit seiner Familie und allen Juden des Ortes nach Auschwitz deportiert. Auschwitz war für den 15jährigen der Schritt von der liebevoll behüteten Welt seiner jüdisch-chassidischen Kindheit in die mörderische Welt der Vernichtungsindustrie. Nie wird er diese Zeit vergessen, und noch heute sagt er, daß dies nur derjenige begreifen kann, der es selbst erlebt hat. Im Lager hat Elie Wiesel fast den Glauben an die Menschheit und den Glauben an Gott verloren.

Während die Mutter und die Schwester „ins Gas mußten", überstanden Vater und Sohn zwei Selektionen und wurden als Arbeitskräfte eingesetzt. So wurden sie in das Arbeitslager Buna verlegt. Als sich die sowjetische Armee im Vormarsch Auschwitz näherte, um die Häftlinge zu befreien, evakuierte die SS das Lager. Sie trieben die Häftlinge in einem zehntägigen Fußmarsch durch Eis und Schnee nach Buchenwald. Nur wenige Tage nach ihrer Ankunft starb der Vater.

Er selbst überlebte wie durch ein Wunder. Nach dem Krieg als Student in Frankreich, dann Korrespondent für eine Tel Aviver Zeitung, nahm er 1957 die amerikanische Staatsbürgerschaft an.

An das Unsagbare erinnern, damit die Opfer und Leiden nicht vergessen werden, das wird nun sein wichtigstes Ziel. Dennoch sollte es noch zehn Jahre dauern, bis er sein erstes Buch, Die Nacht (1955), schrieb. Seitdem hat Elie Wiesel über 25 Bücher – Dramen, Essays, Romane und Legenden – geschrieben. Darin erzählt er immer aufs neue von der untergegangenen Welt des osteuropäischen Judentums, von dem Grauen der Geschichte, aber auch von den übermenschlichen Anstrengungen der Opfer, den Haß zu überwinden.

Heute lebt Elie Wiesel in New York. Als Professor für Judaistik in Boston ist er ein angesehener Gelehrter, ein vielgeehrter und vielgelesener Schriftsteller, ein einflußreicher Zeuge und Mahner. Als Vorsitzender des US-Holocaust-Memorial-Council kämpft er seinen Kampf gegen das Vergessen weiter. Dabei geht es nicht nur um Erinnern, sondern immer um Versöhnung und Frieden. Seine unermüdliche Arbeit wurde 1986 durch die Verleihung des Friedensnobelpreises gewürdigt.

Elie Wiesel möchte auf den Trümmern der Geschichte neue Hoffnung aufbauen. Eine Hoffnung, die im Glauben begründet ist. Denn der Glaube ist für Elie Wiesel trotz allem möglich – auch nach Auschwitz. „Macht Gebete aus meinen Geschichten" heißt deshalb nicht zufällig eines seiner Bücher. In diesem Sinn versteht er auch sein schriftstellerisches Tun: „So ist für mich der Akt des Schreibens häufig nichts anderes als der uneingestandene oder bewußte Wunsch, einige Worte in einen Grabstein zu meißeln: zum Gedächtnis an eine verschwundene Welt, an eine Kindheit im Exil und – natürlich – zum Gedächtnis aller, die ich geliebt habe und die hinweggegangen sind, bevor ich es ihnen sagen konnte."

ISBN 3-7462-0294-9

1. Auflage 1988
Lizenznummer 480/82/88
LSV 6520
Printed in the German Democratic Republic
Einbandgestaltung: Norbert Wientzkowski, Halle
Gesamtherstellung: Union-Druck, Halle
00540